SAMMLUNG GUTTENTAG

223 a

Nachtrag

zu

Pflichtversicherung für Kraftfahrzeughalter und Kraftfahrversicherungsbedingungen

Kommentar

2. neubearbeitete und erweiterte Auflage von

G. E. Fromm
Senatspräsident a. D.

BERLIN 1964

WALTER DE GRUYTER & CO.

vormals G. J. Göschen'sche Verlagshandlung — J. Guttentag, Verlagsbuchhandlung — Georg Reimer — Karl J. Trübner — Veit & Comp.

Archiv-Nr. 2923641
Satz und Druck: Berliner Buchdruckerei „Union“ GmbH, Berlin 61

Vorwort

Der Nachtrag ist durch die Neufassung der AKB und der damit im Zusammenhang stehenden Änderungen notwendig geworden. Die Gründe für die Herausgabe des Nachtrags im jetzigen Zeitpunkt sind in der Einleitung zu den Erläuterungen (vgl. S. 47) angeführt worden. Der Nachtrag ist eine Ergänzung zum Kommentar. Die Erläuterungen beschränken sich daher im Grundsatz lediglich auf die geänderten und neuen Bestimmungen der Allgemeinen und der Sonderversicherungsbedingungen, und es ist in weitestem Umfang auf den Hauptkommentar verwiesen worden (zit.: Komm.).

Aus Gründen eines erleichterten Rückgriffes auf die alte Fassung und eines Vergleichs bei Auslegungsfragen des neuen Textes erschien es mir zweckmäßig, der neuen Fassung die alte, soweit sie ergänzt ist, gegenüberzustellen. Die Abkürzungen sind die gleichen wie im Kommentar.

Für die freundliche Durchsicht der Erläuterungen habe ich Herrn Oberregierungsrat Ossewski zu danken.

Bad Schwalbach, im Dezember 1963

G. E. Fromm

A.

Wortlaut der Bedingungen

I.

Allgemeine Bedingungen für die Kraftverkehrsversicherung (AKB)

Bekanntmachung des Präsidenten des Bundesaufsichtsamtes für das Versicherungs- und Bausparwesen über Änderungen der Allgemeinen Bedingungen für die Kraftfahrversicherung

Vom 30. März 1962

(Bundesanzeiger Nr. 72 vom 12. April 1962 = VerBAV 1962 S. 75 ff.)

Die in der Bekanntmachung des Bundesaufsichtsamtes für das Versicherungs- und Bausparwesen vom 24. Juni 1960 (Bundesanzeiger Nr. 130 vom 9. Juli 1960) wiedergegebenen Allgemeinen Bedingungen für die Kraftfahrversicherung (AKB) sind mit Genehmigung der Versicherungsaufsichtsbehörden mit Wirkung vom 1. Januar 1962 in der Überschrift, der Einleitung und in den §§ 2, 3, 4, 5, 7, 9 a, 10, 10 a, 11, 13, 16, 17, 18, 19 und 20 geändert worden. Das Bundesaufsichtsamt – zugleich als die für Berlin (West) zuständige Versicherungsaufsichtsbehörde und im Namen der übrigen zuständigen Versicherungsaufsichtsbehörden der Länder der Bundesrepublik – gibt nachstehend die derzeit gültige Fassung der von den Kraftverkehrsversicherern verwendeten AKB bekannt.

Im Zusammenhang mit der Änderung der AKB haben die Kraftverkehrsversicherer sich durch geschäftsplanmäßige Erklärung verpflichtet, bei laufenden Verträgen die mit Inkrafttreten ihrer Unternehmenstarife 1962 eingeführten Verbesserungen des Versicherungsschutzes auf Schadenfälle anzuwenden, die sich nach dem 31. 12. 1961 ereignen (vgl. VerBAV 1962 S. 27).

Neue Fassung	**Bisherige Fassung und Bemerkungen zur Neufassung**
Allgemeine Bedingungen für die Kraftverkehrsversicherung (AKB).	*Allgemeine Bedingungen für die Kraftfahrversicherung (AKB)*
Die Kraftverkehrsversicherung umfaßt je nach dem Inhalt des Versicherungsvertrages folgende Versicherungsarten:	*Die Kraftfahrversicherung bezieht sich je nach dem Inhalt des Versicherungsvertrages auf:*
I. die Haftpflichtversicherung (B §§ 10, 11);	*I. die gesetzliche Haftpflicht (B §§ 10, 11);*
II. die Fahrzeugversicherung (C §§ 12 bis 15);	*II. das Fahrzeug (C §§ 12–15);*

Neue Fassung

III. die Unfallversicherung (D §§ 16 bis 21);
IV. die Gepäckversicherung (E § 22).

A. Allgemeine Bestimmungen

§ 1

Beginn des Versicherungsschutzes

(1) Der Versicherungsschutz beginnt mit Einlösung des Versicherungsscheines durch Zahlung des Beitrages und der Versicherungssteuer, jedoch nicht vor dem vereinbarten Zeitpunkt.

(2) Soll der Versicherungsschutz schon vor Einlösung des Versicherungsscheines beginnen, bedarf es einer besonderen Zusage des Versicherers oder der hierzu bevollmächtigten Personen (vorläufige Deckung). Die vorläufige Deckung endet mit der Einlösung des Versicherungsscheines. Sie tritt rückwirkend außer Kraft, wenn der Antrag unverändert angenommen, der Versicherungsschein aber nicht unverzüglich eingelöst wird. Der Versicherer ist berechtigt, die vorläufige Deckung mit Frist von einer Woche schriftlich zu kündigen. Dem Versicherer gebührt in diesem Falle der auf die Zeit des Versicherungsschutzes entfallende anteilige Beitrag.

§ 2

Einschränkung des Versicherungsschutzes

(1) Die Versicherung gilt für Europa.

(2) Der Versicherer ist von der Verpflichtung zur Leistung frei,

a) wenn das Fahrzeug zu einem anderen als dem im Antrag angegebenen Zweck verwendet wird;

Bisherige Fassung und Bemerkungen zur Neufassung

III. die Unfälle von Personen (D §§ 16–21);
IV. das Gepäck (E § 22).

Neue Fassung	Bisherige Fassung und Bemerkungen zur Neufassung
b) wenn ein unberechtigter Fahrer den Versicherungsfall herbeigeführt hat. Die Verpflichtung zur Leistung bleibt jedoch gegenüber dem Versicherungsnehmer oder Halter bestehen;	**Zu § 2 Abs. 2 b:** Neu eingefügt. Bisheriger Abs. 2 b wird c).
c) wenn der Fahrer des Fahrzeugs bei Eintritt des Versicherungsfalles nicht die vorgeschriebene Fahrerlaubnis hat. Die Verpflichtung zur Leistung bleibt gegenüber dem Versicherungsnehmer oder Halter bestehen, wenn dieser das Vorliegen der Fahrerlaubnis bei dem berechtigten Fahrer ohne Verschulden annehmen durfte, oder wenn ein unberechtigter Fahrer das Fahrzeug geführt hat.	
(3) Versicherungsschutz wird nicht gewährt	
a) für Schäden, die mit Aufruhr, inneren Unruhen, Kriegsereignissen, Verfügungen von hoher Hand und Erdbeben unmittelbar oder mittelbar zusammenhängen;	
b) für Schäden, die bei Beteiligung an Fahrtveranstaltungen, bei denen es auf Erzielung einer Höchstgeschwindigkeit ankommt, und bei den dazugehörigen Übungsfahrten entstehen.	
§ 3 Rechtsverhältnis am Vertrage beteiligter Personen	
(1) Die in § 2 Abs. 2, §§ 5, 7, 8, 9, 10 Abs. 8, § 11 Ziffer 4 und 6, § 13 Abs. 3 und 7, § 14 Abs. 2 und 5, §§ 15, 20 Abs. 2, 3 und 4, § 21 Abs. 1 und § 22 für den Versicherungsnehmer getroffenen Bestimmungen gelten sinngemäß für mitversicherte und sonstige Personen, die Ansprüche aus dem Versicherungsvertrag geltend machen.	*(1) Die in § 2 Abs. 2, §§ 5, 7, 8, 9, 10 Abs. 5, § 11 Ziffer 4 u. 6, § 13 Abs. 5, § 14 Abs. 2 u. 5, §§ 15, 20 Abs. 3 u. 4, § 21 Abs. 1 und § 22 für den Versicherungsnehmer getroffenen Bestimmungen gelten sinngemäß für mitversicherte und sonstige Personen, die Ansprüche aus dem Versicherungsvertrag geltend machen.*

Neue Fassung	Bisherige Fassung und Bemerkungen zur Neufassung
(2) Die Ausübung der Rechte aus dem Versicherungsvertrag steht, wenn nichts anderes vereinbart ist (siehe insbesondere §§ 10 Abs. 4 und 16 Abs. 5), ausschließlich dem Versicherungsnehmer zu; dieser ist neben dem Versicherten für die Erfüllung der Obliegenheiten verantwortlich.	
(3) Die Versicherungsansprüche können vor ihrer endgültigen Feststellung ohne ausdrückliche Genehmigung des Versicherers weder abgetreten noch verpfändet werden.	
§ 4	
Vertragsdauer, Kündigung	
(1 a) Beträgt die vereinbarte Vertragsdauer mindestens ein Jahr, so verlängert sich der Vertrag jeweils um ein Jahr, wenn er nicht spätestens*) drei Monate vor Ablauf gekündigt wird. Beträgt die Vertragsdauer weniger als ein Jahr, so endet°) der Vertrag, ohne daß es einer Kündigung bedarf.	*) Neu eingefügt. °) Bisher: endigt.
(1 b) Auf Verträge, die sich auf ein Fahrzeug beziehen, welches ein Versicherungskennzeichen führen muß, finden keine Anwendung die Bestimmung unter Abs. 1 a Satz 1, wenn die Parteien die Verlängerung des Vertrages ausgeschlossen haben, und die Bestimmung unter Abs. 1 a Satz 2, sofern die Parteien vereinbart haben, daß der Vertrag sich jeweils um ein Jahr verlängert, wenn er nicht spätestens*) drei Monate vor Ablauf gekündigt wird.	*) Neu eingefügt.
(2) Hat nach dem Eintritt eines Versicherungsfalles der Versicherer dem Versicherungsnehmer gegenüber seine Verpflichtung zur Leistung der Entschädigung anerkannt oder die Leistung der fälligen Entschädigung verweigert, so ist jeder Teil be-	

Neue Fassung

rechtigt, den Versicherungsvertrag zu kündigen. Das gleiche gilt, wenn der Versicherer dem Versicherungsnehmer die Weisung erteilt, es über den Anspruch des Dritten zum Rechtsstreite kommen zu lassen, oder wenn der Ausschuß (§§ 14, 20) angerufen wird.

(3) Die Kündigung im Versicherungsfall ist nur innerhalb eines Monats seit der Anerkennung der Entschädigungspflicht oder der Verweigerung der Entschädigung, seit der Rechtskraft des im Rechtsstreite mit dem Dritten ergangenen Urteils oder seit der Zustellung des Spruchs des Ausschusses zulässig. Der Versicherer hat eine Kündigungsfrist von einem Monat einzuhalten. Der Versicherungsnehmer kann nicht für einen späteren Zeitpunkt als den Schluß des laufenden Versicherungsjahres (bzw. der vereinbarten kürzeren Vertragsdauer) kündigen.

(4) Kündigt der Versicherungsnehmer im Versicherungsfall, so gebührt dem Versicherer gleichwohl der Beitrag für das laufende Versicherungsjahr bzw. die vereinbarte kürzere Vertragsdauer. Kündigt der Versicherer, so gebührt ihm derjenige Teil des Beitrages, welcher der abgelaufenen Versicherungszeit entspricht.

(5) Eine Kündigung kann sich sowohl auf den gesamten Vertrag als auch auf einzelne Versicherungsarten beziehen; sie kann ferner, wenn sich ein Vertrag auf mehrere Fahrzeuge bezieht, sowohl für alle als auch für einzelne Fahrzeuge erklärt werden. Ist der Versicherungsnehmer mit der Kündigung von Teilen des Vertrages nicht einverstanden, was er dem Versicherer innerhalb von zwei Wochen nach Empfang der Teilkündigung mit-

Bisherige Fassung und Bemerkungen zur Neufassung

Neue Fassung

zuteilen hat, so gilt der gesamte Vertrag als gekündigt.

(6) Ist in der Haftpflichtversicherung der Versicherer in Ansehung des Dritten zur Leistung verpflichtet, obgleich der Versicherungsvertrag nicht besteht oder beendet ist, so gebührt dem Versicherer der Beitrag für die Zeit dieser Verpflichtung.

(7) Alle Kündigungen sollen durch eingeschriebenen Brief ausgesprochen werden.

§ 5

Vorübergehende Stillegung

(1) Wird das Fahrzeug vorübergehend aus dem Verkehr gezogen (Stillegung im Sinne des Straßenverkehrsrechts), so wird dadurch der Versicherungsvertrag nicht berührt. Der Versicherungsnehmer kann jedoch Unterbrechung des Versicherungsschutzes verlangen, wenn er eine Abmeldebescheinigung der Zulassungsstelle vorlegt und die Stilllegung mindestens einen Monat beträgt. In diesem Fall richten sich die beiderseitigen Verpflichtungen nach Absätzen 2 bis 6.

(2) In der Haftpflichtversicherung wird Versicherungsschutz nach §§ 10 und 11, in der Fahrzeugversicherung nach § 12 Abs. 1 I und Abs. 2 und 3 gewährt. Das Fahrzeug darf jedoch außerhalb des Einstellraumes oder des umfriedeten Abstellplatzes nicht gebraucht oder nicht nur vorübergehend abgestellt werden. Wird diese Obliegenheit verletzt, so ist der Versicherer von der Verpflichtung zur Leistung frei, es sei denn, daß die Verletzung ohne Wissen und Willen des Versicherungsnehmers erfolgt und von ihm nicht grobfahrlässig ermöglicht worden ist.

Bisherige Fassung und Bemerkungen zur Neufassung

§ 5. Vertragsunterbrechung

Wird das Fahrzeug vorübergehend aus dem Verkehr genommen, so wird dadurch der Versicherungsvertrag grundsätzlich nicht berührt. Der Versicherungsnehmer kann jedoch eine Unterbrechung des Versicherungsschutzes verlangen, wenn ihm durch eine gegen ihn oder einen Mitversicherten unmittelbar wirkende behördliche Maßnahme (jedoch nicht durch Entziehung der Fahrerlaubnis, Entstempelung des Kennzeichens oder irgendwelche Maßnahmen strafrechtlicher Art) für mehr als einen Monat die Verfügungsgewalt über das Fahrzeug oder die Möglichkeit zu seiner Benutzung genommen wird und der Versicherungsschutz nicht auf einen Verfügungsberechtigten übergeht. In diesem Falle wird der Versicherungsvertrag um die Dauer der Unterbrechung verlängert.

Abs. 2–7 neu eingefügt.

Neue Fassung	Bisherige Fassung und Bemerkungen zur Neufassung
(3) In der Unfallversicherung, die sich auf ein bestimmtes Fahrzeug bezieht, sowie in der Gepäckversicherung wird kein Versicherungsschutz gewährt.	
(4) Wird das Fahrzeug zum Verkehr wieder angemeldet (Ende der Stillegung im Sinne des Straßenverkehrsrechts), lebt der Versicherungsschutz uneingeschränkt wieder auf. Dies gilt bereits für Fahrten im Zusammenhang mit der Abstempelung des Kennzeichens. Das Ende der Stilllegung ist dem Versicherer unverzüglich anzuzeigen.	
(5) Der Versicherungsvertrag verlängert sich um die Dauer der Stilllegung.	
(6) Wird nach Unterbrechung des Versicherungsschutzes das Ende der Stillegung dem Versicherer nicht innerhalb eines Jahres seit der behördlichen Abmeldung angezeigt und hat sich der Versicherer innerhalb dieser Frist dem Versicherungsnehmer oder einem anderen Versicherer gegenüber nicht auf das Fortbestehen des Vertrages berufen, endet der Vertrag mit Ablauf dieser Frist, ohne daß es einer Kündigung bedarf. Das gleiche gilt, wenn das Fahrzeug nicht innerhalb eines Jahres seit der Stillegung wieder zum Verkehr angemeldet wird. Für die Beitragsabrechnung gilt § 6 Abs. 3 mit der Maßgabe, daß an die Stelle des Tages des Wagniswegfalls der Tag der Abmeldung des Fahrzeuges tritt.	
(7) Die Bestimmungen des Absatzes 1 Satz 2 und 3 und der Absätze 2 bis 6 finden keine Anwendung auf Verträge für Fahrzeuge, die ein Versicherungskennzeichen führen müssen, und auf Verträge mit kürzerer Versicherungsdauer als ein Jahr.	

Neue Fassung

Bisherige Fassung und Bemerkungen zur Neufassung

§ 6

Wagniswegfall

(1) Wird das Fahrzeug veräußert, so tritt der Erwerber in die Rechte und Pflichten des Versicherungsnehmers aus dem Versicherungsvertrag ein; dies gilt nicht für Unfallversicherungen, die sich nicht ausschließlich auf das veräußerte Fahrzeug beziehen (§ 16 Abs. 2 b, c, 3). Für den Beitrag, welcher auf das zur Zeit der Veräußerung laufende Versicherungsjahr entfällt, haften Veräußerer und Erwerber als Gesamtschuldner. Die Veräußerung ist dem Versicherer unverzüglich anzuzeigen.

(2) Im Falle der Veräußerung sind Versicherer und Erwerber berechtigt, den Versicherungsvertrag zu kündigen. Das Kündigungsrecht des Versicherers erlischt, wenn es nicht innerhalb eines Monats, nachdem er von der Veräußerung Kenntnis erlangt, dasjenige des Erwerbers, wenn es nicht innerhalb eines Monats nach dem Erwerb bzw. nachdem er Kenntnis von dem Bestehen der Versicherung erlangt, ausgeübt wird. Der Erwerber kann nur mit sofortiger Wirkung oder zum Ende des laufenden Versicherungsjahres (bzw. der vereinbarten kürzeren Vertragsdauer), der Versicherer mit einer Frist von einem Monat kündigen. Kündigt der Erwerber, so hat der Veräußerer den Beitrag für das Versicherungsjahr (bzw. die vereinbarte kürzere Vertragsdauer) zu zahlen, das zur Zeit der Beendigung des Versicherungsvertrages läuft. Kündigt der Versicherer, so wird gemäß Abs. 3 verfahren. § 4 Abs. 5 bis 7 findet Anwendung.

(3) In allen sonstigen Fällen eines dauernden Wegfalls des versicherten Wagnisses wird entweder innerhalb eines Jahres der über den Tag des

Neue Fassung

Wagniswegfalls hinaus gezahlte Beitrag auf eine gleichartige Kraftverkehrsversicherung angerechnet oder für die Zeit vom Beginn des letzten Versicherungsjahres bis zum Wagniswegfall der Beitrag nach Kurztarif berechnet.

(4) Kündigt der Versicherer einen Vertrag, der sich auf ein Fahrzeug bezieht, welches ein Versicherungskennzeichen führen muß, gilt Absatz 2 Satz 4 entsprechend. Absatz 2 Satz 5 findet insoweit keine Anwendung. Für diese Verträge gilt auch nicht Abs. 3.

§ 7

Obliegenheiten im Versicherungsfall

I.

(1) Versicherungsfall im Sinne dieses Vertrages ist das Ereignis, das einen unter die Versicherung fallenden Schaden verursacht oder – bei der Haftpflichtversicherung – Ansprüche gegen den Versicherungsnehmer zur Folge haben könnte.

(2) Jeder Versicherungsfall ist dem Versicherer (§ 9) innerhalb einer Woche*) schriftlich anzuzeigen. Der Versicherungsnehmer ist verpflichtet, alles zu tun, was zur Aufklärung des Tatbestandes und zur Minderung des Schadens dienlich sein kann. Er hat hierbei die etwaigen Weisungen des Versicherers zu befolgen. Wird ein Ermittlungsverfahren eingeleitet oder eine Strafverfügung oder ein Zahlungsbefehl erlassen, so hat der Versicherungsnehmer dem Versicherer unverzüglich Anzeige zu erstatten, auch wenn er den Versicherungsfall selbst bereits angezeigt hat.

II.

(1) Bei Haftpflichtschäden ist der Versicherungsnehmer nicht berech-

Bisherige Fassung und Bemerkungen zur Neufassung

*) Bisher: ... unverzüglich, spätestens innerhalb einer Woche ...

Neue Fassung

tigt, ohne vorherige Zustimmung des Versicherers einen Anspruch ganz oder zum Teil anzuerkennen oder zu befriedigen.

(2) Macht der Geschädigte seinen Anspruch gegenüber dem Versicherungsnehmer geltend, so ist dieser zur Anzeige innerhalb einer Woche nach der Erhebung des Anspruches verpflichtet.

(3) Wird gegen den Versicherungsnehmer ein Anspruch gerichtlich geltend gemacht, das Armenrecht nachgesucht oder wird ihm gerichtlich der Streit verkündet, so hat er außerdem unverzüglich Anzeige zu erstatten. Das gleiche gilt im Falle eines Arrestes, einer einstweiligen Verfügung oder eines Beweissicherungsverfahrens.

(4) Gegen Zahlungsbefehl, Arrest und einstweilige Verfügung hat der Versicherungsnehmer zur Wahrung der Fristen, ohne die Weisung des Versicherers abzuwarten, die erforderlichen Rechtsbehelfe zu ergreifen.

(5) Wenn es zu einem Rechtsstreit kommt, hat der Versicherungsnehmer die Führung des Rechtsstreites dem Versicherer zu überlassen, auch dem vom Versicherer bestellten Anwalt Vollmacht und jede verlangte Aufklärung zu geben.

III.

Bei einem unter die Fahrzeug- oder die Gepäckversicherung fallenden Schaden hat der Versicherungsnehmer vor Beginn der Wiederinstandsetzung die Weisung des Versicherers einzuholen, soweit ihm dies billigerweise zugemutet werden kann. Ein Entwendungs- oder Brandschaden ist auch der Polizeibehörde unverzüglich anzuzeigen.

Bisherige Fassung und Bemerkungen zur Neufassung

Neue Fassung

IV.

(1) Bei einem Unfallschaden ist spätestens am vierten Tage ein staatlich zugelassener Arzt zuzuziehen und die ärztliche Behandlung bis zum Abschluß des Heilverfahrens regelmäßig fortzusetzen; ebenso ist für angemessene Krankenpflege zu sorgen.

(2) Die behandelnden sowie diejenigen Ärzte, von denen der Unfallgeschädigte aus anderen Anlässen behandelt oder untersucht worden ist, sind zu ermächtigen und zu veranlassen, die vom Versicherer geforderten Berichte zu liefern. Auf Verlangen des Versicherers hat der Unfallgeschädigte sich den von der Gesellschaft bezeichneten Ärzten sowie dem Ärzteausschuß (§ 20, 2) zur Untersuchung zu stellen. Im Falle aufgeschobener Feststellung der Arbeitsbehinderung (§ 19, II, 4) braucht diesem Verlangen nur von sechs zu sechs Monaten entsprochen zu werden.

(3) Ein Todesfall ist dem Vorstand des Versicherers innerhalb 24 Stunden telegraphisch anzuzeigen, auch wenn der Unfall selbst bereits angezeigt ist. Der Versicherer hat das Recht, die Leiche durch Ärzte besichtigen und öffnen zu lassen.

V.

Wird eine dieser Obliegenheiten verletzt, so ist der Versicherer dem Versicherungsnehmer gegenüber — sofern nicht durch eine von der Versicherungsaufsichtsbehörde genehmigte Sonderbedingung etwas anderes vereinbart ist — von der Verpflichtung zur Leistung frei, es sei denn, daß die Verletzung weder auf Vorsatz noch auf grober Fahrlässigkeit beruht. Bei grobfahrlässiger Verlet-

Bisherige Fassung und Bemerkungen zur Neufassung

V. Wird eine dieser Obliegenheiten verletzt, so ist der Versicherer dem Versicherungsnehmer gegenüber von der Verpflichtung zur Leistung frei, es sei denn, daß die Verletzung weder auf Vorsatz noch auf grober Fahrlässigkeit beruht . . .

Neue Fassung

zung bleibt der Versicherer zur Leistung insoweit verpflichtet, als die Verletzung weder Einfluß auf die Feststellung des Versicherungsfalles noch auf die Feststellung oder den Umfang der dem Versicherer obliegenden Leistung gehabt hat.

§ 8

Klagefrist. Gerichtsstand

(1) Hat der Versicherer einen Anspruch auf Versicherungsschutz dem Grunde nach abgelehnt, so ist der Anspruch vom Versicherungsnehmer zur Vermeidung des Verlustes innerhalb von sechs Monaten durch Klage bei dem zuständigen Gericht geltend zu machen. Die Frist beginnt erst, nachdem der Versicherer den Anspruch unter Angabe der mit dem Ablauf der Frist verbundenen Rechtsfolgen schriftlich abgelehnt hat.

(2) Für alle aus diesem Vertrag entstehenden Rechtsstreitigkeiten sind neben den sonstigen gesetzlich zuständigen Gerichten die Gerichte des Wohnsitzes des Versicherungsnehmers zuständig, sofern er nicht im Auslande liegt.

§ 9

Anzeigen und Willenserklärungen

Alle Anzeigen und Erklärungen des Versicherungsnehmers sind schriftlich an den Vorstand des Versicherers oder an die im Versicherungsschein als zuständig bezeichnete Stelle zu richten; sonstige Vermittler sind zu deren Entgegennahme nicht bevollmächtigt. Für Anzeigen im Todesfall gilt jedoch § 7, IV, 3.

§ 9 a

Bedingungs- und Tarifänderungen

(1) Änderungen der Allgemeinen Bedingungen und der Tarife für

Bisherige Fassung und Bemerkungen zur Neufassung

§ 9 a. Beitrag

(1) Verträge über die Versicherung von Kraftfahrzeugen dürfen nur nach dem amtlich festgesetzten Einheits-

Neue Fassung

die Kraftverkehrsversicherung gelten auch bei laufenden Verträgen, und zwar erstmalig für das nach ihrem Inkrafttreten beginnende Versicherungsjahr.

(2) Erhöht sich infolge einer Änderung der Tarife der Beitrag (ohne Berücksichtigung eines Nachlasses für schadenfreies Fahren) für die einzelne Versicherungsart jeweils um mehr als 20 v. H., so kann der Versicherungsnehmer nach Eingang der Mitteilung des Versicherers innerhalb einer Frist von zwei Wochen zum Ablauf des laufenden Versicherungsjahres kündigen. Die Kündigung kann sich sowohl auf den Teil des Vertrages, der von der Änderung betroffen wird, als auch auf den gesamten Vertrag beziehen. Erfolgt die Mitteilung des Versicherers später als zwei Wochen vor dem Ablauf des im Zeitpunkt der Änderung der Tarife laufenden Versicherungsjahres, so hat die Kündigung des Versicherungsnehmers, sofern sie nicht mehr zum Ablauf des laufenden Versicherungsjahres wirksam werden kann, sofortige Wirkung. Fällt dabei ein Teil der Versicherungszeit in das neue Versicherungsjahr, so wird der Beitrag für diese Zeit nach dem neuen Tarif anteilig berechnet.

Bisherige Fassung und Bemerkungen zur Neufassung

tarif für Kraftfahrtversicherungen abgeschlossen werden.

(2) Änderungen des Einheitstarifes für Kraftfahrtversicherungen haben von ihrem Inkrafttreten an Wirkung auch für bereits bestehende Versicherungsverhältnisse.

Abs. 2 der neuen Fassung ist neu eingefügt.

B. Haftpflichtversicherung

§ 10

Umfang der Versicherung

(1) Die Versicherung umfaßt die Befriedigung begründeter und die Abwehr unbegründeter Schadenersatzansprüche, die auf Grund gesetzlicher Haftpflichtbestimmungen privatrechtlichen Inhalts gegen den Versicherungsnehmer oder mitver-

§ 10

Umfang der Versicherung

(1) Die Versicherung umfaßt die Befriedigung begründeter und die Abwehr unbegründeter Entschädigungsansprüche, die auf Grund gesetzlicher Haftpflichtbestimmungen privatrechtlichen Inhalts gegen den Versicherungsnehmer, den Halter

Neue Fassung

sicherte Personen erhoben werden, wenn durch den Gebrauch des im Vertrag bezeichneten Fahrzeugs

a) Personen verletzt oder getötet werden,

b) Sachen beschädigt oder zerstört werden oder abhanden kommen,

c) Vermögensschäden herbeigeführt werden, die weder mit einem Personen- noch mit einem Sachschaden mittelbar oder unmittelbar zusammenhängen.

(2) Mitversicherte Personen sind:

a) der Halter,

b) der Fahrer,

c) Beifahrer, d. h. Personen, die im Rahmen ihres Arbeitsverhältnisses zum Versicherungsnehmer oder Halter den berechtigten Fahrer zu seiner Ablösung oder zur Vornahme von Lade- und Hilfsarbeiten nicht nur gelegentlich begleiten,

d) Omnibusschaffner, soweit sie im Rahmen ihres Arbeitsverhältnisses zum Versicherungsnehmer oder Halter tätig werden.

(3) Ist der Versicherer nach § 2 Abs. 2 b von der Verpflichtung zur Leistung frei, so tritt er dem Dritten gegenüber nur im Rahmen der amtlich festgesetzten Mindestversicherungssummen und des Vertrages ein, soweit nicht Ansprüche auf Fortzahlung von Lohn oder Gehalt oder auf Gewährung von Versorgungsbezügen bestehen oder Ersatz des Schadens von einem Versicherer, einem Sozialversicherungsträger oder nach den Vorschriften über die Amtshaftung verlangt werden kann. Voraussetzung für die Eintrittspflicht ist, daß der Dritte die Verpflichtungen nach §§ 158 d und e des Versiche-

Bisherige Fassung und Bemerkungen zur Neufassung

und den berechtigten Fahrer erhoben werden, wenn durch den Gebrauch des Fahrzeugs

a) Personen verletzt oder getötet werden,

b) Sachen beschädigt oder zerstört werden oder abhanden kommen,

c) reine Vermögensschäden herbeigeführt werden, die weder mit einem Personen- noch mit einem Sachschaden mittelbar oder unmittelbar zusammenhängen.

Abs. 2 und 3 sind neu eingefügt. Die mitversicherten Personen waren bisher nur in Abs. 1 aufgezählt.

Neue Fassung

rungsvertragsgesetzes erfüllt und daß er seine Ersatzansprüche in Höhe der zu leistenden Entschädigung an den Versicherer abtritt. Ein Recht des Dritten, den Versicherer unmittelbar in Anspruch zu nehmen, wird nicht begründet.

(4) Mitversicherte Personen können ihre Versicherungsansprüche selbständig geltend machen.

(5) Der Versicherer gilt als bevollmächtigt, alle ihm zur Befriedigung oder Abwehr der Ansprüche zweckmäßig erscheinenden Erklärungen im Namen der versicherten Personen abzugeben.

(6) Für die Leistung des Versicherers bilden die vereinbarten Versicherungssummen die Höchstgrenze bei jedem Schadenereignis. Mehrere zeitlich zusammenhängende Schäden aus derselben Ursache gelten als ein Schadenereignis. Übersteigen die Haftpflichtansprüche die Versicherungssummen, so hat der Versicherer Kosten eines Rechtsstreites nur im Verhältnis der Versicherungssumme zur Gesamthöhe der Ansprüche zu tragen. Der Versicherer ist berechtigt, sich durch Hinterlegung der Versicherungssumme und des hierauf entfallenden Anteils an den entstandenen Kosten von weiteren Leistungen zu befreien.

(7) War für das Fahrzeug eine am Tage des Schadenereignisses gültige internationale Versicherungskarte ausgestellt oder wurde durch eine Zusatzvereinbarung zum Abkommen über die internationale Versicherungskarte darauf verzichtet, so richtet sich bei Auslandsfahrten innerhalb Europas die Leistung des Versicherers mindestens nach den Versicherungsbedingungen und Versicherungssummen, die nach den Gesetzen

Bisherige Fassung und Bemerkungen zur Neufassung

Abs. 4, 5, 6 entsprechen den bisherigen Absätzen 2, 3, 4.

Abs. 7 ist neu eingefügt.

Neue Fassung

des Besuchslandes über die Pflichtversicherung vereinbart werden müssen.

(8) Falls die von dem Versicherer verlangte Erledigung eines Haftpflichtanspruchs durch Anerkenntnis, Befriedigung oder Vergleich an dem Verhalten der Versicherungsnehmers scheitert, ist der Versicherer für den von der Weigerung an entstehenden Mehrschaden an Hauptsache, Zinsen und Kosten dem Versicherungsnehmer gegenüber von der Verpflichtung zur Leistung frei, sofern dieser vom Versicherer hierauf hingewiesen wurde.

§ 10 a

Versicherungsumfang bei Anhängern, die nicht zur Personenbeförderung bestimmt sind

(1) Die Versicherung des Kraftfahrzeugs erstreckt sich auf Schäden, die durch einen mit ihm verbundenen, nicht zur Personenbeförderung bestimmten Anhänger verursacht werden, auch soweit sich die Ansprüche gegen den Halter oder Fahrer des Anhängers richten.

(2) Löst sich der Anhänger während des Betriebes des Kraftfahrzeuges von diesem und tritt, solange sich der Anhänger noch in Bewegung befindet, hierdurch ein Schaden ein, so umfaßt die Haftpflichtversicherung des Kraftfahrzeugs auch diesen Schaden.

(3) Die Haftpflichtversicherung des Anhängers umfaßt alle Schäden, die durch den Anhänger verursacht werden, wenn er mit einem Kraftfahrzeug nicht verbunden ist oder sich von dem Kraftfahrzeug gelöst hat und sich nicht mehr in Bewegung befindet, auch soweit sich die An-

Bisherige Fassung und Bemerkungen zur Neufassung

Abs. 8 entspricht dem bisherigen Abs. 5. Der Halbsatz am Schluß: „... , sofern dieser vom Versicherer hierauf hingewiesen wurde“ ist neu eingefügt.

§ 10 a ist neu eingefügt. Er entspricht mit einigen Änderungen der bisherigen Grundregel 8 des Einheitstarifs (vgl. Komm. S. 141).

Neue Fassung

Bisherige Fassung und Bemerkungen zur Neufassung

sprüche gegen den Halter oder Fahrer dieses Kraftfahrzeugs richten.

(4) Als Anhänger im Sinne dieser Vorschrift gelten auch Auflieger, die nicht zur Personenbeförderung bestimmt sind, und Wohnwagenanhänger sowie für die Anwendung der Abs. 1 und 2 betriebsunfähige Fahrzeuge, die abgeschleppt werden, wenn für diese kein Versicherungsschutz besteht.

§ 11

Ausschlüsse

Ausgeschlossen von der Versicherung sind:

1. Haftpflichtansprüche, soweit sie auf Grund Vertrags oder besonderer Zusage über den Umfang der gesetzlichen Haftpflicht hinausgehen;
2. Haftpflichtansprüche gegen Halter, die der Versicherungspflicht nicht unterliegen und nicht Versicherungsnehmer sind;
3. Haftpflichtansprüche des Versicherungsnehmers, des Halters oder – bei Vermietung ohne Stellung eines Fahrers – des Mieters und der Personen, denen der Mieter das Fahrzeug überläßt, gegen mitversicherte Personen;
4. Haftpflichtansprüche aus Schadenfällen von Angehörigen des Versicherungsnehmers, denen er auf Grund gesetzlicher Verpflichtung zur Zeit des Versicherungsfalles Unterhalt gewährt;
5. bei Gesellschaften, juristischen Personen, geschäftsunfähigen und beschränkt geschäftsfähigen Personen Haftpflichtansprüche aus Schadenfällen von gesetzlichen Vertretern und deren Angehörigen im Sinne der Ziffer 4;

Neue Fassung

6. Haftpflichtansprüche wegen Beschädigung, Zerstörung oder Abhandenkommens von Sachen, die dem Versicherungsnehmer oder seinen Angestellten zur Beförderung übergeben oder zur Benutzung überlassen worden sind oder die sich zu anderen Zwecken in ihrem Gewahrsam befanden. Diese Bestimmung findet keine Anwendung auf das nicht gewerbsmäßige Abschleppen betriebsunfähiger Fahrzeuge aus Gefälligkeit im Rahmen der Ersten Hilfe;
7. Haftpflichtansprüche aus solchen reinen Vermögensschäden, die auf bewußt gesetz- oder vorschriftswidriges Handeln des Versicherten sowie auf Nichteinhaltung von Liefer- und Beförderungsfristen zurückzuführen sind;
8. Haftpflichtansprüche aus Schadenfällen, die sich bei einer mit dem Fahrzeug durchgeführten, behördlich genehmigungspflichtigen Beförderung von Kernbrennstoffen oder von sonstigen radioaktiven Stoffen ereignen, soweit der Schaden Folge einer Kernspaltung oder Strahlung dieser Stoffe ist.

C. Fahrzeugversicherung

§ 12

Umfang der Versicherung

(1) Die Fahrzeugversicherung umfaßt die Beschädigung, die Zerstörung und den Verlust des Fahrzeugs und seiner unter Verschluß verwahrten oder an ihm befestigten Teile

I. in der Teilversicherung

a) durch Brand oder Explosion;

b) durch Entwendung, insbesondere Diebstahl, unbefugten Gebrauch

Bisherige Fassung und Bemerkungen zur Neufassung

Ziffer 6 letzter Satz ist neu eingefügt.

Ziffer 8 ist neu eingefügt.

Neue Fassung

durch betriebsfremde Personen, Raub und Unterschlagung. Die Unterschlagung durch denjenigen, an den der Versicherungsnehmer das Fahrzeug unter Vorbehalt seines Eigentums veräußert hat, oder durch denjenigen, dem es zum Gebrauch oder zur Veräußerung überlassen wurde, ist von der Versicherung ausgeschlossen;

c) durch unmittelbare Einwirkung von Sturm, Hagel, Blitzschlag oder Überschwemmung auf das Fahrzeug. Eingeschlossen sind Schäden, die dadurch verursacht werden, daß durch diese Naturgewalten Gegenstände auf oder gegen das Fahrzeug geworfen werden. Ausgeschlossen sind Schäden, die auf ein durch diese Naturgewalten veranlaßtes Verhalten des Fahrers zurückzuführen sind;

II. in der Vollversicherung darüber hinaus

d) durch Unfall, d. h. durch ein unmittelbar von außen her plötzlich mit mechanischer Gewalt einwirkendes Ereignis; Brems-, Betriebs- und reine Bruchschäden sind keine Unfallschäden;

e) durch mut- oder böswillige Handlungen betriebsfremder Personen.

(2) Der Versicherungsschutz erstreckt sich in der Voll- und Teilversicherung auch auf Bruchschäden an der Verglasung des Fahrzeugs.

(3) Eine Beschädigung oder Zerstörung der Bereifung wird nur ersetzt, wenn sie durch ein Ereignis erfolgt, das gleichzeitig auch andere versicherungsschutzpflichtige*) Schäden an dem Fahrzeug verursacht hat.

Bisherige Fassung und Bemerkungen zur Neufassung

*) Bisher: versicherungspflichtige

Neue Fassung

§ 13

Ersatzleistung

(1) Der Versicherer ersetzt einen Schaden bis zur Höhe des gemeinen Wertes des Fahrzeugs oder seiner Teile am Tage des Schadens (Zeitwert), soweit in den folgenden Absätzen nichts anderes bestimmt ist.

(2) Die Leistung erhöht sich bei Personen- und Kombinationswagen — mit Ausnahme von Droschken, Mietwagen, Selbstfahrervermietwagen und Omnibussen — für Schäden, die nach der Erstzulassung des Fahrzeugs

im ersten Jahre eintreten,

bis zum Listenpreis des Fahrzeugs oder — falls ein solcher nicht mehr besteht — einer gleichartigen Type in serienmäßiger Ausführung am Tage des Schadens;

nach dem ersten Jahr eintreten,

um 25 v. H. des Zeitwertes, höchstens jedoch bis zum Listenpreis des Fahrzeugs, oder — falls ein solcher nicht mehr besteht — einer gleichartigen Type in serienmäßiger Ausführung am Tage des Schadens.

(3) In allen Fällen verbleiben Rest- und Altteile dem Versicherungsnehmer. Sie werden zum Zeitwert auf die Ersatzleistung angerechnet.

(4) Bei Zerstörung oder Verlust des Fahrzeugs gewährt der Versicherer die nach Abs. 1 bis 3 zu berechnende Höchstentschädigung.

(5) Im Falle der Beschädigung des Fahrzeugs ersetzt der Versicherer bis zu dem nach Abs. 1 bis 3 sich ergebenden Betrag die erforderlichen Kosten der Wiederherstellung und

Bisherige Fassung und Bemerkungen zur Neufassung

Zu § 13: Unverändert geblieben sind Abs. 7 (bisher 3) und Abs. 8 (bisher 6). Neu eingefügt sind die Abs. 2, 4, 9. In Verb. mit ihnen ist Abs. 5 (bisher 2) geändert worden. Wenig geändert sind Abs. 1, 3 (bisher 5) und 6 (bisher 4). § 13 alter Fassung hatte folgenden Wortlaut:

(1) Der Versicherer ersetzt einen Schaden bis zur Höhe des gemeinen Wertes des Fahrzeugs oder seiner Teile am Tage des Schadens (Zeitwert).

(2) In diesem Rahmen ersetzt der Versicherer die erforderlichen Kosten der Wiederherstellung und die hierfür notwendigen einfachen Fracht- und sonstigen Transportkosten. Von den Kosten der Ersatzteile und der Lackierung wird ein dem Alter und der Abnutzung entsprechender Abzug gemacht (neu für alt). Der Abzug beschränkt sich bei Krafträdern, Personen- und Kombinationswagen sowie Omnibussen bis zum Schluß des vierten, bei allen übrigen Fahrzeugen bis zum Schluß des dritten auf das Baujahr des Fahrzeugs folgenden Kalenderjahres auf Bereifung, Batterie und Lackierung.

(3) Werden entwendete Gegenstände innerhalb zweier Monate nach Eingang der Schadenanzeige wieder zur Stelle gebracht, so ist der Versicherungsnehmer verpflichtet, sie zurückzunehmen. Nach Ablauf dieser Frist werden sie Eigentum des Versicherers.

(4) Veränderungen, Verbesserungen, Verschleißarbeiten, Minderung an Wert, äußerem Ansehen oder Leistungsfähigkeit, Nutzungsausfall oder Kosten eines Ersatzwagens und Treibstoff ersetzt der Versicherer nicht.

(5) Altteile verbleiben dem Versicherungsnehmer und werden ihm

Neue Fassung	Bisherige Fassung und Bemerkungen zur Neufassung
die hierfür notwendigen einfachen Fracht- und sonstigen Transportkosten. Entsprechendes gilt bei Zerstörung, Verlust oder Beschädigung von Teilen des Fahrzeugs. Von den Kosten der Ersatzteile und der Lackierung wird ein dem Alter und der Abnutzung entsprechender Abzug gemacht (neu für alt). Der Abzug beschränkt sich bei Krafträdern, Personen- und Kombinationswagen sowie Omnibussen bis zum Schluß des vierten, bei allen übrigen Fahrzeugen bis zum Schluß des dritten auf die Erstzulassung des Fahrzeugs folgenden Kalenderjahres auf Bereifung, Batterie und Lackierung.	*zum Zeitwert auf die Ersatzleistung angerechnet.*
(6) Veränderungen, Verbesserungen, Verschleißreparaturen, Minderung an Wert, äußerem Ansehen oder Leistungsfähigkeit, Nutzungsausfall oder Kosten eines Ersatzwagens und Treibstoff ersetzt der Versicherer nicht.	*(6) Eine vereinbarte Selbstbeteiligung gilt für jedes versicherte Fahrzeug besonders. Sie gilt aber nur für die Vollversicherung, und hierbei auch nur insoweit, als der Versicherungsschutz in der Vollversicherung sich über die Teilversicherung hinaus erstreckt.*
(7) Werden entwendete Gegenstände innerhalb zweier Monate nach Eingang der Schadenanzeige wieder zur Stelle gebracht, so ist der Versicherungsnehmer verpflichtet, sie zurückzunehmen. Nach Ablauf dieser Frist werden sie Eigentum des Versicherers.	
(8) Eine vereinbarte Selbstbeteiligung gilt für jedes versicherte Fahrzeug besonders. Sie gilt aber nur für die Vollversicherung, und hierbei auch nur insoweit, als der Versicherungsschutz in der Vollversicherung sich über die Teilversicherung hinaus erstreckt.	
(9) Ergibt die Berechnung der Entschädigungsleistung nach Absatz 2 in Verbindung mit Abs. 3 eine höhere Leistung als bei Zugrundelegung des Zeitwertes nach Absatz 1 in Verbin-	

Neue Fassung

Bisherige Fassung und Bemerkungen zur Neufassung

dung mit Abs. 3, so erwirbt der Versicherungsnehmer einen Anspruch auf Zahlung des Teiles der Entschädigung, der über den Zeitwert hinausgeht, nur insoweit, als die Verwendung der Entschädigung zur Wiederherstellung oder zur Wiederbeschaffung eines anderen Fahrzeugs innerhalb von 2 Jahren nach Feststellung der Entschädigung sichergestellt ist.

§ 14

Sachverständigenverfahren

(1) Bei Meinungsverschiedenheit über die Höhe des Schadens oder über den Umfang der erforderlichen Wiederherstellungsarbeiten entscheidet ein Sachverständigenausschuß.

(2) Der Ausschuß besteht aus zwei Mitgliedern, von denen der Versicherer und der Versicherungsnehmer je eines benennt. Wenn der eine Vertragsteil innerhalb zweier Wochen nach schriftlicher Aufforderung sein Ausschußmitglied nicht benennt, so wird auch dieses von dem anderen Vertragsteil benannt.

(3) Soweit sich die Ausschußmitglieder nicht einigen, entscheidet innerhalb der durch ihre Abschätzung gegebenen Grenzen ein Obmann, der vor Beginn des Verfahrens von ihnen gewählt werden soll. Einigen sie sich über die Person des Obmanns nicht, so wird er durch das zuständige Amtsgericht ernannt.

(4) Ausschußmitglieder und Obleute dürfen nur Sachverständige für Kraftfahrzeuge sein.

(5) Bewilligt der Sachverständigenausschuß die Forderung des Versicherungsnehmers, so hat der Versicherer die Kosten voll zu tragen. Kommt der Ausschuß zu einer Entscheidung, die über das Angebot des Versicherers

Neue Fassung

nicht hinausgeht, so sind die Kosten des Verfahrens vom Versicherungsnehmer voll zu tragen. Liegt die Entscheidung zwischen Angebot und Forderung, so tritt eine verhältnismäßige Verteilung der Kosten ein.

§ 15

Zahlung der Entschädigung

Die Entschädigung wird innerhalb zweier Wochen nach ihrer Feststellung gezahlt, im Falle der Entwendung jedoch nicht vor Ablauf der Zweimonatsfrist (§ 13 Abs. 7). Ist die Höhe eines unter die Versicherung fallenden Schadens bis zum Ablauf eines Monats nicht festgestellt, werden auf Verlangen des Versicherungsnehmers angemessene Vorschüsse geleistet.

D. Unfallversicherung

§ 16

Versicherte Personen

(1) Bei der Insassenversicherung ist jeder berechtigte Insasse des im Vertrag bezeichneten Fahrzeugs unter Ausschluß von Kraftfahrern und Beifahrern, die beim Versicherungsnehmer als solche angestellt sind (Berufsfahrer), mit dem der Anzahl der Versicherten entsprechenden Teilbetrag der versicherten Summe gedeckt (Pauschalsystem)*, sofern keine andere nach dem Tarif mögliche Vereinbarung getroffen ist. Berechtigte Insassen sind Personen, die sich mit Wissen und Willen der über die Verwendung des Fahrzeugs Verfügungsberechtigten in oder auf dem versicherten Fahrzeug befinden oder im ursächlichen Zusammenhang mit ihrer Beförderung beim Gebrauch des Fahrzeugs im Rahmen des § 17 Abs. 1 tätig werden.

Bisherige Fassung und Bemerkungen zur Neufassung

*) Neu eingefügt (vgl. auch Komm. S. 466).

Neue Fassung

Bisherige Fassung und Bemerkungen zur Neufassung

(2) Die Berufsfahrerversicherung bezieht sich entweder

a) auf den jeweiligen Kraftfahrer oder Beifahrer des im Vertrag bezeichneten Fahrzeugs oder

b) unabhängig von einem bestimmten Fahrzeug auf namentlich bezeichnete Kraftfahrer und Beifahrer oder

c) unabhängig von einem bestimmten Fahrzeug und ohne Namensnennung auf sämtliche beim Versicherungsnehmer angestellten Kraftfahrer oder Beifahrer.

(3) Die namentliche Versicherung sonstiger Personen ist unabhängig von einem bestimmten Fahrzeug.

(4) Ist eine Unfallversicherung für eine bestimmte Zahl von Personen oder Plätzen abgeschlossen worden und sind zur Zeit des Unfalls mehr Personen versichert als Personen oder Plätze angegeben sind, so wird die Entschädigung für die einzelne Person entsprechend gekürzt.

(5) Namentlich versicherte Personen können ihre Versicherungsansprüche selbständig geltend machen.

§ 17

Umfang der Versicherung

(1) Die Versicherung bezieht sich auf Unfälle in ursächlichem Zusammenhang mit dem Lenken, Benutzen, Behandeln, dem Be- und Entladen sowie Abstellen des Kraftfahrzeugs oder Anhängers. Unfälle beim Ein- und Aussteigen sind mitversichert.

(2) Die Versicherung umfaßt die Gesundheitsschädigung, die der Versicherte durch ein plötzlich von außen auf seinen Körper einwirkendes Ereignis unfreiwillig erleidet. Eine Erkrankung infolge psychischer Einwirkung gilt nicht als Unfall.

Neue Fassung	**Bisherige Fassung und Bemerkungen zur Neufassung**
(3) Ausgeschlossen von der Versicherung sind a) Unfälle, die der Versicherte erleidet bei der Ausführung oder dem Versuch von Verbrechen oder Vergehen, b) Unfälle bei Fahrten, die ohne Wissen und Willen des Halters vorbereitet, ausgeführt oder ausgedehnt werden.	
(4) Der Versicherungsschutz erstreckt sich nicht auf Personen die von Geisteskrankheit, von einer Lähmung durch Schlaganfall, von Epilepsie oder schwerem Nervenleiden befallen sind.	*(4) Der Versicherungsschutz erstreckt sich nicht auf Personen, die von Geisteskrankheit, völliger Blindheit oder Taubheit, von einer Lähmung durch Schlaganfall, von Epilepsie oder schwerem Nervenleiden befallen oder durch Unfall oder Krankheit mehr als 70 v. H. dauernd arbeitsbehindert sind.*

§ 18

Ersatzleistung

I.

(1) Die Leistung des Versicherers richtet sich nach den Versicherungssummen, die im Vertrag a) für den Fall vorübergehender Unfallfolgen, b) für den Fall dauernder Unfallfolgen, c) für den Fall des Todes vereinbart sind und bei vorübergehenden oder dauernden Unfallfolgen nach dem Grad der Arbeitsbehinderung (§ 19).	
(2) Bei zwei und mehr berechtigten Insassen erhöhen sich bei einer Versicherung nach dem Pauschalsystem die Versicherungssummen um 50 v. H.	I. Abs. 2 ist neu eingefügt. Die bisherigen Abs. I. 2 und 3 werden Abs. 3 und 4.
(3) Haben bei den Unfallfolgen Krankheiten oder Gebrechen mitgewirkt, so ist die Leistung entsprechend dem Anteil der Krankheit oder des Gebrechens zu kürzen, sofern dieser Anteil mindestens 25 v. H. beträgt.	

Neue Fassung

(4) Der Versicherer übernimmt die erforderlichen Kosten, die durch die Erfüllung der im § 7, IV, Abs. 2, 3 bestimmten Obliegenheiten entstehen.

II.

(1) Im Falle vorübergehender Unfallfolgen werden nach dem Inhalt des Vertrages längstens für ein Jahr von dem Unfalle an Heilkosten oder Tagegeld gezahlt.

(2) Sind Heilkosten versichert, so werden die für die Behandlung der Unfallfolgen erwachsenen erforderlichen Kosten des Heilverfahrens bis zur versicherten Höhe unter Ausschluß von Nahrungs- und Genußmitteln, Erholungs- und Badereisen ersetzt.

(3) Ist Tagegeld versichert und wird geltend gemacht, daß der Versicherte auch nach dem Abschluß der ärztlichen Behandlung noch arbeitsbehindert sei, so sind weitere Leistungen des Versicherten davon abhängig, daß die Fortdauer der Behinderung in angemessenen Zeiträumen ärztlich bescheinigt wird. Die Kosten dieser Bescheinigung hat der Versicherte zu tragen.

(4) Ist Tagegeld versichert und keine Arbeitsbehinderung eingetreten, so werden für die Dauer der ärztlichen Behandlung, längstens für ein Jahr, die erforderlichen Kosten bis zur Hälfte des für diese Zeit versicherten Tagegeldes vergütet.

(5) Bei Personen unter 16 Jahren werden ohne Rücksicht auf etwaigen Verdienstausfall statt des Tagegeldes die erforderlichen Kosten der ärztlichen Behandlung bis zur Höhe des versicherten Tagegeldes ersetzt.

III.

(1) Ergibt sich innerhalb eines Jahres, vom Unfalle an gerechnet,

Bisherige Fassung und Bemerkungen zur Neufassung

(4) Ist Tagegeld versichert und keine Arbeitsbehinderung eingetreten, so werden für die Dauer der ärztlichen Behandlung, längstens für ein Jahr, die erforderlichen Kosten bis zu einem Viertel des Tagegeldes vergütet.

Neue Fassung	**Bisherige Fassung und Bemerkungen zur Neufassung**
daß eine dauernde Arbeitsbehinderung zurückbleibt, so wird von der für dauernde Unfallfolgen versicherten Leistung der dem Grade der Arbeitsbehinderung entsprechende Betrag gezahlt.	
(2) Ein Anspruch auf Entschädigung für dauernde Arbeitsbehinderung ist spätestens bis zum Ablauf von drei Monaten nach dem Schluß des auf den Unfall folgenden Jahres anzumelden und unter Vorlage eines ärztlichen Gutachtens zu begründen.	*(2) Ein Anspruch auf Entschädigung für dauernde Arbeitsbehinderung ist innerhalb von drei Monaten nach Ablauf des auf den Unfall folgenden Jahres anzumelden und unter Vorlage eines ärztlichen Gutachtens zu begründen.*
(3) Bei Personen über 65 Jahre wird die Entschädigung für dauernde Unfallfolgen in Form einer Rente gewährt; die Rente beträgt 10 v. H. der nach dem Grade der Arbeitsbehinderung in Betracht kommenden Summe.	
IV.	
(1) Tritt innerhalb eines Jahres, vom Unfall an gerechnet, der Tod als Folge des Unfalls ein, so wird die für den Todesfall versicherte Summe gezahlt.	
(2) Bei Personen unter 14 Jahren beträgt die Entschädigung für den Todesfall höchstens DM 2000. Bei einer Versicherung nach dem Pauschalsystem wird der auf andere Insassen entfallende Teilbetrag aus der versicherten Todesfallsumme um den durch diese Summenbegrenzung freiwerdenden Betrag verhältnismäßig erhöht.	*(2) Bei Personen unter 16 Jahren beträgt die Entschädigung für den Todesfall höchstens 1000 DM.*
(3) Auf die Todesfallentschädigung werden Zahlungen, die für dauernde Unfallfolgen aus demselben Ereignis geleistet worden sind, angerechnet.	
§ 19	
Feststellung des Grades der Arbeitsbehinderung	
I.	
Im Falle vorübergehender Unfallfolgen (§ 18, II) ist für die Bemes-	

Neue Fassung

sung des Grades der Arbeitsbehinderung die Berufstätigkeit und Beschäftigung des Versicherten maßgebend.

II.

(1) Als feste Invaliditätsgrade unter Ausschluß des Nachweises eines höheren oder geringeren Grades werden angenommen:

a) Bei Verlust oder vollständiger Gebrauchsunfähigkeit

eines Armes im Schultergelenk	70 v. H.
eines Armes bis oberhalb des Ellenbogengelenks	65 v. H.
eines Armes unterhalb des Ellenbogengelenks	60 v. H.
einer Hand im Handgelenk	55 v. H.
eines Daumens	20 v. H.
eines Zeigefingers	10 v. H.
eines anderen Fingers	5 v. H.

b) bei Verlust oder vollständiger Gebrauchsunfähigkeit

eines Beines über Mitte des Oberschenkels	70 v. H.
eines Beines bis zur Mitte des Oberschenkels	60 v. H.
eines Beines bis unterhalb des Knies	50 v. H.
eines Beines bis zur Mitte des Unterschenkels	45 v. H.
eines Fußes im Fußgelenk	40 v. H.
eines Fußes mit Erhaltung der Ferse (nach Pirogoff)	30 v. H.
einer großen Zehe	5 v. H.
einer anderen Zehe	2 v. H.

c) bei gänzlichem Verlust der Sehkraft

beider Augen	100 v. H.
eines Auges	30 v. H.

Bisherige Fassung und Bemerkungen zur Neufassung

II. (1) Im Falle dauernder Unfallfolgen (§ 18, III) gelten für die Bemessung der Leistung unter Ausschluß des Nachweises einer höheren oder geringeren Arbeitsfähigkeit folgende Grade der Arbeitsbehinderung:

Bei völligem Verlust oder völliger Gebrauchsunfähigkeit

eines Armes oder einer Hand	*60 v. H.*
eines Beines oder eines Fußes	*50 v. H.*
eines Daumens	*20 v. H.*
eines Zeigefingers	*10 v. H.*
eines anderen Fingers	*5 v. H.*
einer großen Zehe	*5 v. H.*
einer anderen Zehe	*2 v. H.*
bei völligem Verlust der Sehkraft beider Augen	*100 v. H.*
bei völligem Verlust der Sehkraft eines Auges	*30 v. H.*
sofern jedoch die Sehkraft des anderen Auges vor Eintritt des Versicherungsfalls bereits verloren war	*60 v. H.*
bei völligem Verlust des Gehörs auf beiden Ohren	*60 v. H.*
bei völligem Verlust des Gehörs auf einem Ohr	*15 v. H.*
sofern jedoch das Gehör auf dem anderen Ohr vor Eintritt des Versicherungsfalls bereits verloren war	*30 v. H.*

Neue Fassung

sofern jedoch die Sehkraft des anderen Auges vor Eintritt des Versicherungsfalles bereits verloren war 70 v. H.

bei gänzlichem Verlust des Gehörs

auf beiden Ohren .... 60 v. H.

auf einem Ohr .... 15 v. H.

sofern jedoch das Gehör auf dem anderen Ohr vor Eintritt des Versicherungsfalles bereits verloren war 45 v. H.

bei gänzlichem Verlust des Geruchs .... 10 v. H.

bei gänzlichem Verlust des Geschmacks ...... 5 v. H.

(2) Bei teilweisem Verlust oder teilweiser Gebrauchsunfähigkeit der vorgenannten Glieder oder Sinnesorgane werden die vorstehenden Sätze entsprechend herabgesetzt. Bei dem Verlust oder der Gebrauchsunfähigkeit von mehreren der vorgenannten Glieder oder Sinnesorgane werden die vorstehenden Sätze bis höchstens 100 v. H. zusammengerechnet.

(3) Ist die Arbeitsbehinderung auf andere als die vorerwähnten Ursachen zurückzuführen, so ist maßgebend, inwieweit der Versicherte imstande ist, eine Tätigkeit auszuüben, die seinen Kräften und Fähigkeiten entspricht und die ihm unter billiger Berücksichtigung seiner Ausbildung und seines bisherigen Berufs zugemutet werden kann.

(4) Der Versicherer ist berechtigt, den Grad der Arbeitsbehinderung während der ersten drei Jahre nach Abschluß der ärztlichen Behandlung, längstens jedoch vier Jahre vom Unfalltage an, jährlich neu festzustellen. Will er von diesem Recht später

Bisherige Fassung und Bemerkungen zur Neufassung

(3) Ist die Arbeitsbehinderung auf andere als die vorerwähnten Ursachen zurückzuführen, so ist maßgebend, inwieweit der Versicherte imstande ist, Erwerb durch eine seinen Kräften und Fähigkeiten entsprechende Tätigkeit zu erzielen, die ihm unter billiger Berücksichtigung seiner Ausbildung und seines bisherigen Berufes zugemutet werden kann.

Neue Fassung

Bisherige Fassung und Bemerkungen zur Neufassung

als nach zwei Jahren vom Unfalltage an Gebrauch machen, so ist dazu ein Gutachten des Ärzteausschusses (§ 20 Abs. 3) erforderlich; die Kosten hierfür trägt der Versicherer.

III.

Wenn vor Eintritt des Unfalles der Versicherte schon durch Krankheit oder Gebrechen in seiner Arbeitsfähigkeit dauernd behindert war oder Glieder oder Sinnesorgane ganz oder teilweise verloren oder gebrauchsunfähig gewesen sind, so wird von dem Grad der Arbeitsbehinderung ein Abzug gemacht, der der schon vorher vorhandenen Arbeitsbehinderung entspricht. Für deren Bemessung werden die Grundsätze unter II mit der Maßgabe angewandt, daß auch ein höherer Grad der Arbeitsbehinderung als 100 v. H. angenommen werden kann, sofern der Versicherte für einen Unfall nicht schon von dem gleichen Versicherer entschädigt worden ist.

IV.

Für psychische und nervöse Störungen, durch die der Versicherte nach einem Unfall in seiner Arbeitsfähigkeit behindert ist, wird eine Entschädigung nur gewährt, wenn und soweit diese Störungen auf eine durch den Unfall verursachte organische Erkrankung des Nervensystems oder auf eine Epilepsie zurückzuführen sind, die durch den Unfall neu entstanden ist.

§ 20

Feststellung der Entschädigung

(1) Der Versicherer ist verpflichtet, bei Ansprüchen auf Heilkosten, Tagegeld oder Todesfallentschädigung innerhalb eines Monats, bei Ansprüchen auf Entschädigung für dauernde

Neue Fassung	Bisherige Fassung und Bemerkungen zur Neufassung
Arbeitsbehinderung innerhalb dreier Monate zu erklären, ob und inwieweit er eine Entschädigungspflicht anerkennt. Die Fristen beginnen mit Eingang der Nachweise über den Abschluß des Heilverfahrens und die Unfallfolgen.	
(2) a) Im Falle von Meinungsverschiedenheiten über Art und Umfang der Unfallfolgen oder darüber, ob und in welchem Umfang der eingetretene Schaden auf den Versicherungsfall zurückzuführen ist, entscheidet ein Ärzteausschuß; für alle sonstigen Streitpunkte sind die ordentlichen Gerichte zuständig (§ 8).	*(2) Bei Meinungsverschiedenheiten über Art und Umfang der Unfallfolgen und darüber, ob und in welchem Umfang der eingetretene Schaden auf den Versicherungsfall zurückzuführen ist, entscheidet ein Ärzteausschuß.*
b) Die Entscheidung des Ärzteausschusses ist von dem Versicherungsnehmer bis zum Ablauf von sechs Monaten, nachdem ihm die Erklärung des Versicherers nach Abs. 1 zugegangen ist, zu beantragen. Versicherer und Versicherungsnehmer können jedoch bis zum Ablauf dieser Frist verlangen, daß an Stelle des Ärzteausschusses die ordentlichen Gerichte entscheiden. Wird dieses Verlangen gestellt, so kann der Versicherungsnehmer nur Klage erheben.	Abs. (2) b) und c) sind neu eingefügt.
c) Läßt der Versicherungsnehmer die unter b) genannte Frist verstreichen, ohne daß er entweder die Entscheidung des Ärzteausschusses verlangt oder Klage erhebt, so sind weitergehende Ansprüche, als sie vom Versicherer anerkannt sind, ausgeschlossen. Auf diese Rechts-	

Neue Fassung

folge hat der Versicherer in seiner Erklärung hinzuweisen.

(3) Der Ausschuß besteht aus zwei Mitgliedern, von denen der Versicherer und der Versicherungsnehmer je eines benennt, und aus dem für den Wohnort des Verletzten zuständigen Kreis-, Amts- oder Bezirksarzt als Obmann. Ist dieser verhindert oder behandelnder Arzt, so tritt an seine Stelle der beamtete Arzt eines Nachbarbezirks. Zum Obmann kann auf Verlangen des Versicherers oder des Versicherungsnehmers*) an Stelle des beamteten Arztes der leitende Arzt einer öffentlichen Heilanstalt oder ein deutscher Hochschullehrer berufen werden. Seine Benennung ist Sache des Versicherers. Dem Versicherungsnehmer steht innerhalb zweier Wochen, nachdem ihm die Benennung zugegangen ist, das Recht der Ablehnung zu. Im Falle der Ablehnung wird der Obmann von dem Vorsitzenden der für den inländischen Wohnsitz des Versicherten zuständigen Ärztekammer ernannt. Hat der Versicherte einen inländischen Wohnsitz nicht, so ist die Ärztekammer am Sitz des Versicherers zuständig. Wenn der Versicherer oder der Versicherungsnehmer°) innerhalb zweier Wochen nach schriftlicher Aufforderung sein Ausschußmitglied nicht benennt, so wird dieses von der nach vorigem zuständigen Ärztekammer ernannt.

(4) Ist die Entscheidung des Ärzteausschusses für den Versicherten günstiger als das vor seinem Zusammentritt vom Versicherer gemachte Angebot, so sind die Kosten voll von diesem zu tragen; andernfalls werden sie dem Versicherungsnehmer auferlegt, jedoch höchstens je nach dem

Bisherige Fassung und Bemerkungen zur Neufassung

*) Bisher statt „des Versicherers oder des Versicherungsnehmers": eines Vertragsteiles.

°) Bisher statt „der Versicherer oder der Versicherungsnehmer": der eine Vertragsteil.

Neue Fassung

Bisherige Fassung und Bemerkungen zur Neufassung

Streitfall bis zu 10 v. H. der versicherten Heilkosten oder bis zum 20fachen des versicherten Tagegeldes oder bis zu 2 v. H. der für Dauerbehinderung oder Todesfall versicherten Summe.

§ 21

Zahlung der Entschädigung

(1) Die Entschädigung wird innerhalb zweier Wochen nach ihrer endgültigen Feststellung gezahlt. Steht die Entschädigungspflicht dem Grunde nach fest, so werden nach Ablauf eines Monats von der Anzeige des Unfalls an auf Verlangen des Versicherungsnehmers angemessene Vorschüsse geleistet. Vorher können auf Verlangen des Versicherungsnehmers schon nach Ablauf je eines Monats Vorschüsse auf Heilkosten und Tagegeld geleistet werden; jedoch kann hieraus die Anerkennung einer Entschädigungspflicht weder dem Grunde noch der Höhe nach hergeleitet werden.

(2) Macht der Versicherer von seinem Recht gemäß § 19, II, 4 Gebrauch, so hat er von der noch ausstehenden Entschädigungssumme, die dem vorläufig festgestellten Grad der Arbeitsbehinderung entspricht, jährlich 4 v. H. Zinsen in vierteljährlichen Teilbeträgen zu entrichten. Stirbt der Versicherte nach Ablauf des auf den Unfall folgenden Jahres, aber vor endgültiger Feststellung der Entschädigung, so hat der Versicherer nach dem zuletzt festgestellten Grad der Arbeitsbehinderung Entschädigung zu leisten.

E. Gepäckversicherung

§ 22

(1) Die Versicherung bezieht sich auf Gegenstände, die der Versicherungsnehmer oder seine Fahrgäste

Neue Fassung

Bisherige Fassung und Bemerkungen zur Neufassung

oder der Wagenführer zum persönlichen Bedarf in oder am Fahrzeug mit sich führen, einschließlich der am Körper getragenen Kleidung.

(2) Bargeld, Banknoten und Urkunden jeder Art gelten nicht als Gepäck; Schmucksachen und Gegenstände aus Edelmetall sind bis zu einem Viertel der Versicherungssumme, höchstens DM 2000,–, in die Versicherung eingeschlossen.

(3) Die bezeichneten Gegenstände sind gegen die Schäden versichert, die sie erleiden durch einen Unfall des Fahrzeugs, mut- und böswillige Handlungen betriebsfremder Personen, Brand, Diebstahl oder Unterschlagung ganzer Gepäckstücke, Einbruchdiebstahl in verschlossene Gepäckstücke oder verschlossene Räume und Raub. Der Aufenthalt in Unterkunftsräumen, Gasthäusern oder Wohnungen außerhalb des Wohnortes des Versicherungsnehmers ist in die Versicherung eingeschlossen.

(4) Ist eine Faltgarage in die Gepäckversicherung eingeschlossen, so gilt sie sowohl zusammengefaltet als auch um das Kraftfahrzeug gelegt als versichert.

(5) §§ 13, 15 finden sinngemäße Anwendung.

II. Sonderbedingungen

Sonderbedingung 1:

Die Versicherung bezieht sich auf die gesetzliche Haftpflicht des Versicherten aus dem gelegentlichen Führen oder Benutzen fremder versicherungspflichtiger Kraftfahrzeuge. Die Haftpflicht als Halter des benutzten Fahrzeuges ist ausgeschlossen.

Bisherige Sonderbedingung 2. Unverändert.

II. Sonderbedingungen

Neue Fassung	Bisherige Fassung und Bemerkungen zur Neufassung
Sonderbedingung 2: Die Versicherung bezieht sich auf die gesetzliche Haftpflicht des Versicherten aus dem gelegentlichen Führen oder Benutzen fremder versicherungspflichtiger Kraftfahrzeuge. Die Haftpflicht als Halter des benutzten Fahrzeuges ist ausgeschlossen. Die gesetzliche Haftpflicht für Schäden an den geführten oder benutzten Kraftfahrzeugen ist eingeschlossen.	Neu.
Sonderbedingung 3: Die Versicherung wird gewährt auf Grund der Allgemeinen Bedingungen für die Kraftverkehrs-Haftpflichtversicherung (AKHB) nur für den Fall, daß der versicherte Fahrer aus Anlaß von Schadenfällen bei Dienstfahrten von seiner vorgesetzten Behörde auf Grund der maßgebenden Bundes- und Landesgesetze in Anspruch genommen wird. Die Leistungspflicht des Versicherers ist begrenzt auf die Beträge, die in den für die betreffende Behörde geltenden Richtlinien vorgesehen sind, höchstens jedoch auf DM 10 000 für Personenschäden, DM 3 500 für Sachschäden, DM 1 000 für Vermögensschäden je Ereignis.	Bisherige Sonderbedingung 3. Unverändert.
Sonderbedingung 4: Die Versicherung wird gewährt auf Grund der Allgemeinen Bedingungen für die Kraftverkehrs-Haftpflichtversicherung (AKHB) nur für den Fall, daß der versicherte Fahrer aus Anlaß von Schadenfällen bei Dienstfahrten von seiner vorgesetzten Behörde auf Grund der maßgebenden Bundes- und Landesgesetze in Anspruch genommen wird. Die Leistungspflicht des Versicherers ist begrenzt auf die	Neu. Letzter Satz eingefügt. Sonst wie Sonderbedingung 3.

A. Wortlaut der Bedingungen

Neue Fassung

Beträge, die in den für die betreffende Behörde geltenden Richtlinien vorgesehen sind, höchstens jedoch auf

DM 10 000 für Personenschäden,
DM 3 500 für Sachschäden,
DM 1 000 für Vermögensschäden

je Ereignis. Die gesetzliche Haftpflicht für Schäden an den geführten oder benutzten Kraftfahrzeugen ist eingeschlossen.

Sonderbedingung 5:

Haftpflicht- und Fahrzeugversicherung für Kfz.-Handel und -Handwerk

I. Gegenstand der Versicherung

1. Die Versicherung bezieht sich bei einheitlicher Art und einheitlichem Umfang des Versicherungsschutzes, vorbehaltlich der Ausschlüsse in Abs. III und IV, auf alle

   a) eigenen Fahrzeuge des Versicherungsnehmers.

      Als solche gelten auch Fahrzeuge, die einem anderen zur Sicherung übereignet, aber im Besitz des Versicherungsnehmers belassen sind. Fahrzeuge, die der Versicherungsnehmer unter Eigentumsvorbehalt verkauft und übergeben hat, gelten vom Zeitpunkt der Übergabe an nicht mehr als eigene Fahrzeuge;

   b) fremden Fahrzeuge, wenn und solange sie sich zu irgendeinem Zweck, der sich aus dem Wesen eines Kfz.-Handels- oder eines Werkstattbetriebes ergibt, in der Obhut des Versicherungsnehmers oder einer von ihm

Bisherige Fassung und Bemerkungen zur Neufassung

Bisherige Sonderbedingung 4. Wegen des vollständigen bisherigen Wortlauts vgl. Komm. S. 494 ff. Hier ist die bisherige Fassung nur solcher Bestimmungen aufgeführt, die auch in der Neufassung wiederkehren.

(1) Die Versicherung bezieht sich entsprechend dem Antrag

1. auf e i g e n e Fahrzeuge des Versicherungsnehmers. Als eigene Fahrzeuge gelten auch solche,

a) die einem anderen zur Sicherung übereignet, aber ... (Fortsetzung wie nebenstehend).

I. 1. a) entspricht dem bisherigen (1) 1. a) mit der Maßgabe, daß es am Schluß heißt: „... vom Zeitpunkt der Übergabe an ..." statt bisher „... vom Tage der Übergabe ab ...".

I. 1. b) entspricht dem bisherigen (1) 2. mit der Maßgabe, daß der in der a. F. befindliche Zusatz hinter „Werkstattbetriebes": „sofern dieser versichert ist" gestrichen ist.

Neue Fassung

beauftragten oder bei ihm angestellten Person befinden;

c) Fahrzeuge, wenn und solange sie mit einem dem Versicherungsnehmer von der Zulassungsstelle zugeteilten amtlich abgestempelten roten Kennzeichen oder mit einem roten Versicherungskennzeichen nach § 67 b Abs. 5 a StVZO versehen sind.

2. In den Versicherungsschutz können durch besondere Vereinbarung einbezogen werden alle Fahrzeuge von Angestellten des Versicherungsnehmers, die auf den Namen des Versicherungsnehmers zugelassen sind. In diesem Falle gelten sie als eigene Fahrzeuge im Sinne von Ziffer 1 a).

II. Art und Umfang des Versicherungsschutzes

1. Die Versicherung ist je nach dem Inhalt des Vertrages im Rahmen der Allgemeinen Bedingungen für die Kraftverkehrsversicherung (AKB) und dieser Sonderbedingung
   a) eine Haftpflichtversicherung,
   b) eine Fahrzeugversicherung.

2. Als Versicherungsperiode gilt der Zeitraum eines Jahres, auch wenn Vierteljahresbeiträge vereinbart sind.

3. In der Haftpflichtversicherung tritt der Versicherer dem Dritten gegenüber nach dem Ausscheiden von Fahrzeugen aus dem Kreis der nach Abs. I Ziff. 1 a) und b) und Ziff. 2 versicherten Risiken bis zum Ablauf eines Monats im Rahmen

Bisherige Fassung und Bemerkungen zur Neufassung

I. 1. c) entspricht dem bisherigen (1) 3. mit der Maßgabe, daß es am Schluß heißt: „zugeteilten amtlich abgestempelten roten ... (wie nebenstehend) versehen sind“ statt bisher lediglich „zugeteilten Probefahrtkennzeichen versehen sind“.

I. 2. entspricht dem bisherigen (1) 1. b). Dieser hatte folgenden Wortlaut:

(Als eigene Fahrzeuge gelten auch solche,)

b) die leitenden Angestellten und angestellten Verkäufern des Versicherungsnehmers gehören, solange sie auf seinen Namen zugelassen sind. Der Einschluß dieser Fahrzeuge muß besonders beantragt werden;

II. 1. entspricht dem bisherigen (2) 1. Dieser hatte folgenden Wortlaut:

(2) Umfang des Versicherungsschutzes

1. Die Versicherung bezieht sich entsprechend dem Antrag im Rahmen der Allgemeinen Bedingungen für die Kraftfahrversicherung (AKB) auf die gesetzliche Haftpflicht- und/oder Fahrzeugversicherung.

II. 2. ist neu eingefügt.

II. 3. entspricht dem bisherigen (2) 2 c. Dieser hatte folgenden Wortlaut:

Entfällt nach dieser Sonderbedingung der Versicherungsschutz für ein Fahrzeug, weil es aus dem Kreis der nach Abs. 1 Ziffern 1 und 2 versicherten Risiken ausgeschieden ist, so tritt der

Neue Fassung

der amtlich festgesetzten Mindestversicherungssummen und des Vertrages für Schäden durch den Gebrauch derartiger Fahrzeuge ein, soweit nicht Ansprüche auf Fortzahlung von Lohn oder Gehalt oder auf Gewährung von Versorgungsbezügen bestehen oder Ersatz des Schadens von einem Versicherer, einem Sozialversicherungsträger oder nach den Vorschriften über die Amtshaftung verlangt werden kann. Voraussetzung für die Eintrittspflicht ist, daß der Dritte die Verpflichtungen nach §§ 158 d) und e) des Versicherungsvertragsgesetzes erfüllt und daß er seine Ersatzansprüche in Höhe der zu leistenden Entschädigung an den Versicherer abtritt. Ein Recht des Dritten, den Versicherer unmittelbar in Anspruch zu nehmen, wird nicht begründet.

4. Für fremde Fahrzeuge ist die Fahrzeugversicherung je nach dem Inhalt des Vertrages entweder
   a) eine uneingeschränkte, d. i. eine Fahrzeugversicherung im Rahmen der §§ 12 bis 15 AKB oder
   b) eine eingeschränkte, d. i. eine Fahrzeugversicherung im Rahmen der §§ 12 bis 15 AKB mit der Maßgabe, daß der Versicherer nur Versicherungsschutz zu gewähren hat, wenn und soweit der Versicherungsnehmer auf Grund gesetzlicher Haftpflichtbestimmungen privatrechtlichen Inhalts in Anspruch genommen wird.

Bisherige Fassung und Bemerkungen zur Neufassung

Versicherer im Rahmen der amtlich festgelegten Mindestversicherungssummen für Schäden solcher Fahrzeuge ein, wenn der geschädigte Dritte nicht auf andere Weise Ersatz seines Schadens zu erlangen vermag. Voraussetzung für die Eintrittspflicht ist, daß der geschädigte Dritte seine Ersatzansprüche gegen den Fahrer, den Halter sowie sonstige Ersatzpflichtige abtritt

II. 4. entspricht dem bisherigen (2) 3 b. Dieser hatte folgenden Wortlaut:

b) Für fremde Fahrzeuge gemäß Abs. 1 Nr. 2 und für Fahrzeuge gemäß Abs. 1 Nr. 3, soweit es sich um fremde Fahrzeuge handelt, gilt die Fahrzeugversicherung,

aa) als eingeschränkte Fahrzeugversicherung mit der Maßgabe, daß sie sich nur auf Schäden beschränkt, für die der Versicherungsnehmer gesetzlich haftbar gemacht wird.

Gegenstand der Versicherung ist die Prüfung der Haftpflichtfrage, die Abwehr unberechtigter Ansprüche sowie die Befriedigung berechtigter Ansprüche im Rahmen der Fahrzeugversicherung;

II. Sonderbedingungen

Neue Fassung

Diese Fahrzeugversicherung umfaßt auch die Abwehr unberechtigter Haftpflichtansprüche gegen den Versicherungsnehmer.

III. Ausschlüsse
Vom Versicherungsschutz sind ausgeschlossen

1. in der Haftpflicht- und Fahrzeugversicherung eigene Fahrzeuge des Versicherungsnehmers, solange sie als Droschken und Omnibusse zugelassen sind;
2. in der Fahrzeugversicherung
   a) Schäden an fremden Fahrzeugen, welche bei dem Versicherungsnehmer garagenmäßig untergestellt sind oder untergestellt werden sollen, sofern die Schäden ausschließlich im Zusammenhang mit der Unterstellung eintreten;
   b) Schäden an Fahrzeugen, mit denen der Versicherungsnehmer z. Z. des Schadeneintritts gegen Entgelt Personen oder Güter auf Fahrten beförderte, die nicht dem Abschleppen von Fahrzeugen dienten, und Schäden an Güterfahrzeugen, auf deren Ladefläche z. Z. des Schadeneintritts mehr als 8 Personen befördert wurden, die in keiner Beziehung zum Gewerbebetrieb des Versicherungsnehmers standen;
   c) Schäden an Fahrzeugen, wenn und solange der Versicherungsnehmer die Fahrzeuge mit oder ohne Stellung eines Fahrers in Aus-

Bisherige Fassung und Bemerkungen zur Neufassung

bb) als uneingeschränkte Fahrzeugversicherung nach Maßgabe der §§ 12 bis 15 AKB ohne Rücksicht auf ein Verschulden des Versicherungsnehmers.

III. 1. entspricht dem bisherigen (3) 1. Dieser hatte folgenden Wortlaut:

(3) Ausgeschlossen von der Versicherung sind

1. eigene Fahrzeuge, die als Droschken und Omnibusse zugelassen sind.

III. 2. a) bezieht sich nur auf die Fahrzeugversicherung. Bisher unter (3) 2. in der Fahrzeug- und Haftpflichtversicherung mit folgendem Wortlaut von der Versicherung ausgeschlossen gewesen:

2. solche Fahrzeuge, die bei dem Versicherungsnehmer garagenmäßig untergestellt sind oder untergebracht werden sollen, soweit ein Schadenfall auf dieser rechtlichen Beziehung beruht;

Für die Haftpflichtversicherung vgl. jetzt V. 4. n. F.

III. 2. b) und c) beziehen sich nur auf die Fahrzeugversicherung. Bisher unter (4) 1. und 2. in der Fahrzeug und Haftpflichtversicherung als Obliegenheit mit folgendem Wortlaut aufgeführt gewesen:

(4) Der Versicherer ist von der Verpflichtung zur Leistung frei,

1. wenn der Versicherungsnehmer gegen Entgelt Personen oder Güter auf Fahrten befördert, die nicht dem Abschleppen von Fahrzeugen dienen, oder auf Güterfahrzeugen mehr als 8 Personen mitnimmt, die in keiner inneren Beziehung zur Ladung stehen;

Ersatzleistung

d) Schäden an zulassungspflichtigen, aber nicht zugelassenen Fahrzeugen, wenn der Schaden während ihres Gebrauchs auf öffentlichen Wegen oder Plätzen entstanden ist, ohne daß das Fahrzeug mit einem dem Versicherungsnehmer von der Zulassungsstelle zugeteilten amtlich abgestempelten roten Kennzeichen oder mit einem roten Versicherungskennzeichen nach § 67 b Abs. 5 a StVZO versehen war, es sei denn, daß es sich um eine Fahrt im Zusammenhang mit der Zulassung handelte.

Die Ausschlüsse unter 1 sowie 2 a), b) und c) gelten auch dann, wenn die Fahrzeuge mit einem dem Versicherungsnehmer von der Zulassungsstelle zugeteilten amtlich abgestempelten roten Kennzeichen oder mit einem roten Versicherungskennzeichen nach § 67 b Abs. 5 a StVZO versehen sind bzw. waren.

IV. Ausschlüsse auf Antrag
Vom Versicherungsschutz können durch besondere Vereinbarung ausgeschlossen werden

1. in der Haftpflicht- und Fahrzeugversicherung

a) alle einkaufsfinanzierten Fahrzeuge, solange sie im Eigentum des Herstellers stehen und von diesem nachweislich versichert sind;

b) alle zugelassenen fremden Fahrzeuge in Werkstattobhut;

Bisherige Fassung und Bemerkungen zur Neufassung

2. *wenn der Versicherungsnehmer ein Fahrzeug ohne Stellung eines Fahrers in Ausübung eines Vermietgewerbes vermietet.*

Jetzt in beiden Fällen nur noch in der Haftpflichtversicherung als Obliegenheit aufgeführt (vgl. V. 1. und 2. n. F.).

III. 2. d) neu eingefügt.

IV. 1. a) entspricht dem bisherigen (3) 3. Dieser hatte folgenden Wortlaut:

(3) Ausgeschlossen von der Versicherung sind

...

3. *auf Antrag einkaufsfinanzierte Fahrzeuge, solange sie im Eigentum des Herstellers stehen.*

IV. 1. b) neu.

Neue Fassung

2. in der Fahrzeugversicherung
   a) alle Abschleppwagen des Versicherungsnehmers;
   b) alle sonstigen eigenen Fahrzeuge des Versicherungsnehmers;
   c) Fahrzeuge, die auf der Ladefläche von Güterfahrzeugen oder auf Eisenbahnwagen überführt werden.

Die Ausschlüsse unter 1 b) und 2 gelten auch dann, wenn die Fahrzeuge mit einem dem Versicherungsnehmer von der Zulassungsstelle zugeteilten amtlich abgestempelten roten Kennzeichen oder mit einem roten Versicherungskennzeichen nach § 67 b Abs. 5 a StVZO versehen sind bzw. waren.

Bisherige Fassung und Bemerkungen zur Neufassung

IV. 2. a) und c) neu. IV. 2. b) bisher (3) 4. Dieser hatte folgenden Wortlaut:

(3) Ausgeschlossen von der Versicherung sind

...

4. *in der Fahrzeugversicherung auf Antrag eigene Fahrzeuge des Versicherungsnehmers.*

   Dies gilt auch für den Fall, daß diese Fahrzeuge mit einem Probefahrtkennzeichen versehen sind.

V. Leistungsfreiheit des Versicherers

Der Versicherer ist in der Haftpflichtversicherung von der Verpflichtung zur Leistung frei,

1. wenn der Versicherungsnehmer gegen Entgelt Personen oder Güter auf Fahrten befördert, die nicht dem Abschleppen von Fahrzeugen dienen oder auf der Ladefläche von Güterfahrzeugen mehr als 8 Personen befördert, die in keiner Beziehung zum Gewerbebetrieb des Versicherungsnehmers stehen;
2. wenn und solange der Versicherungsnehmer ein Fahrzeug mit oder ohne Stellung eines Fahrers in Ausübung eines Vermietgewerbes vermietet;
3. wenn ein zulassungspflichtiges, aber nicht zugelassenes Fahrzeug auf öffentlichen Wegen oder Plätzen gebraucht wird,

V. 1. und 2. bisher (4) 1. und 2. (Obliegenheit in der Fahrzeug- und Haftpflichtversicherung). Jetzt in der Fahrzeugversicherung vom Versicherungsschutz ausgeschlossen (vgl. III. 2. b) und c) n. F.) und Obliegenheit nur noch in der Haftpflichtversicherung, wie aus dem nebenstehenden Wortlaut ersichtlich.

V. 3. neu. Für die Fahrzeugversicherung vgl. III. 2. d) n. F.

Neue Fassung

ohne daß das Fahrzeug mit einem dem Versicherungsnehmer von der Zulassungsstelle zugeteilten amtlich abgestempelten roten Kennzeichen oder mit einem roten Versicherungskennzeichen nach § 67 b Abs. 5 a StVZO versehen ist, es sei denn, daß es sich um eine Fahrt im Zusammenhang mit der Zulassung handelt;

4. wenn und solange der Versicherungsnehmer ein fremdes Fahrzeug, welches bei ihm garagenmäßig untergestellt ist oder untergestellt werden soll, mit einem ihm von der Zulassungsstelle zugeteilten amtlich abgestempelten roten Kennzeichen oder mit einem roten Versicherungskennzeichen nach § 67 b Abs. 5 a StVZO versehen hat. Abs. I, 1 b bleibt unberührt.

Die Leistungsfreiheit nach 1 und 2 gilt auch dann, wenn die Fahrzeuge mit einem dem Versicherungsnehmer von der Zulassungsstelle zugeteilten amtlich abgestempelten roten Kennzeichen oder mit einem roten Versicherungskennzeichen nach § 67 b Abs. 5 a StVZO versehen sind bzw. waren.

VI. Meldeverfahren

1. Der Versicherungsnehmer hat dem Versicherer zur Beitragsberechnung die erforderlichen Angaben in einem Meldebogen zu machen, der bei Beginn der Versicherung und zu den vereinbarten Stichtagen dem Versicherer unverzüglich einzureichen ist. Der Versicherer ist berechtigt, bei der Ausfüllung

Bisherige Fassung und Bemerkungen zur Neufassung

V. 4. neu. Für die Fahrzeugversicherung vgl. III. 2. a) n. F.

(5) Meldeverfahren

1. Zur Beitragsberechnung sind je nachdem, worauf sich die Versicherung bezieht, vierteljährlich bei Beginn der Versicherung die vorhandenen, unter die Versicherung fallenden Fahrzeuge – mit Ausnahme der fremden Fahrzeuge in Werkstattobhut –, die für den Versicherungsnehmer ausgegebenen Probefahrtkennzeichen sowie

II. Sonderbedingungen

Neue Fassung	**Bisherige Fassung und Bemerkungen zur Neufassung**
des Meldebogens durch einen Beauftragten mitzuwirken.	*das handwerksmäßig beschäftigte Werkstattpersonal dem Versicherer anzuzeigen. Der Versicherer ist berechtigt, bei der Aufstellung des Verzeichnisses durch einen Beauftragten mitzuwirken.*
2. Füllt der Versicherungsnehmer den Meldebogen nicht ordnungsgemäß aus oder unterläßt er es, trotz vorheriger Erinnerung den Meldebogen dem Versicherer fristgerecht vorzulegen, so ist ein Beitrag fällig, dessen Höhe sich aus dem Tarif für Kfz-Handel und -Handwerk ergibt. Werden die Angaben nachträglich, aber innerhalb zweier Monate nach Empfang der Zahlungsaufforderung gemacht, so ist der Beitrag nach dem Meldebogen abzurechnen.	*2. Unterbleibt die vierteljährliche Anzeige trotz vorheriger Erinnerung, so ist ein Beitrag in Höhe von 150 % des zuletzt gezahlten Beitrages fällig. Werden die Angaben nachträglich, aber innerhalb zweier Monate nach Empfang der Zahlungsaufforderung gemacht, so ist der Beitrag nach der Anzeige abzurechnen.*
3. Unrichtige Angaben zum Nachteil des Versicherers berechtigen diesen,	*3. Unrichtige Angaben zum Nachteil des Versicherers berechtigen diesen*
a) in der Haftpflichtversicherung eine Vertragsstrafe bis zur dreifachen Höhe des festgestellten Beitragsunterschiedes vom Versicherungsnehmer zu erheben;	*a) in der Haftpflichtversicherung eine Vertragsstrafe in dreifacher Höhe des festgestellten Beitragsunterschieds vom Versicherungsnehmer zu erheben;*
b) in der Fahrzeugversicherung nur den Teil der Leistung zu erbringen, der dem Verhältnis zwischen dem gezahlten Beitrag und dem Beitrag, der bei richtigen Angaben im Meldebogen hätte gezahlt werden müssen, entspricht. In der Fahrzeugversicherung besteht für Schäden, die ein nicht angezeigtes Fahrzeug oder ein Fahrzeug mit nicht angezeigtem, dem Versicherungsnehmer von der Zulassungsstelle zugeteiltem, amtlich abgestempeltem rotem Kennzeichen oder	*b) in der Fahrzeugversicherung nur den Teil der Leistung zu tragen, der dem Verhältnis zwischen dem gezahlten Beitrag und dem Beitrag, der bei ordnungsgemäßer Meldung hätte gezahlt werden müssen, entspricht. In der Fahrzeugversicherung besteht für Schäden, die ein nicht angezeigtes Fahrzeug oder ein Fahrzeug mit nicht angezeigtem Probefahrtkennzeichen betreffen, kein Versicherungsschutz. Die Rechtsfolgen treten nicht ein, wenn der Versicherungsnehmer nachweist, daß die Anzeige ohne ein von ihm zu vertretendes Verschulden unterblieben ist.*

Neue Fassung

Bisherige Fassung und Bemerkungen zur Neufassung

mit einem roten Versicherungskennzeichen nach § 67 b Abs. 5 a StVZO betreffen, kein Versicherungsschutz.

Die Rechtsfolgen nach a) und b) treten nicht ein, wenn Angaben oder Anzeigen ohne Verschulden des Versicherungsnehmers unrichtig gemacht worden oder unterblieben sind.

Sonderbedingung 6:

Insassen-Unfallversicherung für Kfz.-Handel und -Handwerk

Neu.

Als im Vertrag bezeichnetes Fahrzeug im Sinne des § 16 Abs. 1 Satz 1 AKB gilt je nach dem Inhalt des Vertrages das Kraftfahrzeug,

a) in dem sich die im Vertrag namentlich bezeichnete Person als Fahrer oder Insasse befindet,
b) das mit dem im Vertrag bezeichneten, dem Versicherungsnehmer von der Zulassungsstelle zugeteilten amtlich abgestempelten roten Kennzeichen oder mit einem roten Versicherungskennzeichen nach § 67 b Abs. 5 a StVZO versehen ist.

§ 16 Abs. 1 Satz 1 letzter Halbsatz findet keine Anwendung.

Sonderbedingung 7:

Die Insassenversicherung gilt nur für den jeweiligen Fahrer des Kraftfahrzeugs.

Bisherige Sonderbedingung 7. Statt „Fahrer" hieß es bisher „Lenker".

Sonderbedingung 8:

Unfälle bei der Benutzung von Krafträdern sind vom Versicherungsschutz ausgeschlossen.

Bisherige Sonderbedingung 8 mit folgendem Wortlaut:

Die Benutzung von Krafträdern ist ausgeschlossen.

Sonderbedingung 9:

Sofern ein Fahrer oder Beifahrer aus dem Dienstverhältnis zum Ver-

Bisherige Sonderbedingung 9. Unverändert.

Neue Fassung	Bisherige Fassung und Bemerkungen zur Neufassung
sicherungsnehmer ausscheidet, erlischt der Versicherungsschutz für den Ausgeschiedenen und geht auf den Nachfolger über. Der Versicherungsnehmer hat die Änderung unverzüglich anzuzeigen.	
Sonderbedingung 10:	
Der Versicherungsnehmer ist verpflichtet, Veränderungen im Bestand der Versicherten unverzüglich zu melden.	Bisherige Sonderbedingung 10. Unverändert.
Sonderbedingung für die Anzeige von Sachschäden bis zu einer Höhe von 200 DM	Neu.
1. Bei verspäteter Anzeige eines Versicherungsfalles, bei dem lediglich ein Sachschaden eingetreten ist, wird sich der Versicherer auf die Leistungsfreiheit nach § 7 Abs. V AKB nicht berufen, wenn der Versicherungsnehmer den Schaden geregelt hat oder regeln wollte, um sich dadurch eine Anwartschaft auf Beitragsermäßigung bei Schadenfreiheit zu erhalten. Diese Vereinbarung gilt jedoch in der Haftpflichtversicherung nur für solche Sachschäden, die Aufwendungen von voraussichtlich nicht mehr als 200 DM erfordern, und in der Fahrzeugvollversicherung für Schäden, bei denen die vertragliche Leistung des Versicherers voraussichtlich 200 DM nicht übersteigt.	
2. Gelingt es dem Versicherungsnehmer nicht, den Schaden im Rahmen des Abs. 1 selbst zu regeln, oder hat er seine Anwartschaft auf Beitragsermäßigung bei Schadenfreiheit durch einen weiteren Schaden verloren, so kann er innerhalb des Kalenderjahres,	

Neue Fassung

in dem sich der nach Abs. 1 nicht gemeldete Schaden ereignet hat, diesen dem Versicherer nachträglich anzeigen. Schäden, die sich im Dezember ereignen, können bis 31. Januar des folgenden Jahres nachgemeldet werden.

3. In der Haftpflichtversicherung hat der Versicherungsnehmer jeden Sachschaden, abweichend von Abs. 1, unverzüglich dem Versicherer anzuzeigen, wenn der Anspruch gerichtlich geltend gemacht, das Armenrecht nachgesucht oder dem Versicherungsnehmer gerichtlich der Streit verkündet wird. Das gleiche gilt im Falle eines Arrestes, einer einstweiligen Verfügung oder eines Beweissicherungsverfahrens.

V–A 72–2/62

Bisherige Fassung und Bemerkungen zur Neufassung

B.

Erläuterungen der Änderungen der Allgemeinen Bedingungen für die Kraftverkehrsversicherung (AKB)

I. Einleitung

Mit der Einführung von Beiträgen und Tarifen der einzelnen Versicherungsunternehmen mit Wirkung vom 1. 1. 1962 gemäß den §§ 13 ff. der VO PR Nr. 15/59 zur Auflockerung der Preisbindung in der Kraftfahrtversicherung vom 19. 12. 1959 (Bundesanzeiger Nr. 249 vom 30. 12. 1959 = VerBAV 1960 S. 8; vgl. Komm. S. 116 ff.)[1] sind auch die im Kommentar abgedruckten und erläuterten Allgemeinen Bedingungen für die Kraftfahrversicherung (AKB) geändert worden. Der neue Wortlaut (vgl. Bundesanzeiger Nr. 72 v. 12. 4. 1962 = VerBAV 1962 S. 27 ff. und insbesondere 75 ff.) ist hier auf S. 1 ff. in Gegenüberstellung mit der bisherigen Fassung abgedruckt. Dabei ist in der Bezeichnung der Bedingungen an die Stelle des Wortes „Kraftfahrversicherung" der Begriff „Kraft v e r k e h r s versicherung" getreten. Der so für den Kommentar erforderlich gewordene Nachtrag mit den geänderten Bedingungen und ihrer Erläuterung war bislang zurückgestellt worden, da zugleich im Rahmen der einheitlichen Gestaltung der Pflichtversicherung in den Ländern der EWG mit einer Änderung des Pflichtversicherungsgesetzes zu rechnen ist. Diese Änderung ist zwar in Vorbereitung, verzögert sich aber so erheblich, daß es zweckmäßig erschien, mit dem Nachtrag zum Kommentar betreffend die AKB unabhängig von den zu erwartenden Änderungen des Pflichtversicherungsgesetzes nicht länger zu warten.

Die seit dem 1. 1. 1962 eingetretenen Änderungen der AKB sind verschiedener Art. Vielfach handelt es sich um Änderungen zugunsten des Versicherungsnehmers oder des Verkehrsopfers, zum Teil sind es lediglich Änderungen redaktioneller Art, die durch Sprachverbesserungen (z. B. § 4 [1 a] und [1 b]) oder geänderte Verweisungen auf Bestimmungen in den AKB infolge Einschiebens neuer Absätze bedingt sind. Insoweit bedarf es keiner besonderen Erläuterung. Es wird daher auf den Wortlaut der neuen Fassung und die Gegenüberstellung mit der alten auf der rechten Hälfte der Seite verwiesen. Änderungen sachlicher Art befinden sich, abgesehen von den Sonderbedingungen, in den §§ 2, 3 Abs. 1 und 2, 4 Abs. 1 a und 1 b, 5 Abs. 2 bis 7, 7 I Abs. 2

---

[1] Jetzt §§ 14 ff. der Verordnung PR Nr. 15/59 in der Fassung vom 3. April 1963 (vgl. Bundesanzeiger Nr. 71 vom 11. April 1963 = VerBAV 1963 S. 80 ff.).

und V, 9 a, 10 Abs. 1, 2, 3, 7, 8, 10 a, 11 Nr. 6 und 8, 13 Abs. 1 bis 6, 9, 16 Abs. 1, 17 Abs. 4, 18 I Abs. 2, II Abs. 4, III Abs. 2, IV Abs. 2, 19 II Abs. 1 und 3, 20 Abs. 2 und 3. Die hier aufgeführten Bestimmungen, deren neuer Wortlaut auf den S. 1 ff. ebenfalls der bisherigen Fassung gegenübergestellt worden ist, sind nachstehend erläutert. Wegen der Sonderbedingungen vgl. S. 34 ff.

Die Erläuterungen erstrecken sich auf

Änderungen allgemeiner Bestimmungen, und zwar der vorstehend angeführten §§ 2, 3, 4, 5, 7, 9 a.

Änderungen der besonderen Bestimmungen für die Kraftfahrzeughaftpflichtversicherung, und zwar der obenangeführten §§ 10, 10 a, 11.

Änderungen der besonderen Bestimmungen für die Kraftfahrzeugversicherung, und zwar des § 13.

Änderungen der besonderen Bestimmungen für die Kraftfahrzeugunfallversicherung, und zwar der obenangeführten §§ 16, 17, 18, 19, 20.

Änderungen von Sonderbedingungen, und zwar Nr. 5 und 6.

Die Sonderbedingung für die Anzeige von Sachschäden bis zu einer Höhe von 200 DM.

Versicherungsschutz des Geschädigten bei Unfallflucht und nichtversichertem Fahrzeug (Verkehrsopferhilfe e. V.).

II. Änderungen allgemeiner Bestimmungen

Zu § 2 (2) b – neu

Diese Vorschrift ist im Zusammenhang mit § 10 Abs. 2 und 3 AKB zu lesen. Dort wird durch die Neufassung festgelegt, daß zu den mitversicherten Personen der Fahrer schlechthin gehört. Handelt es sich um den berechtigten Fahrer (vgl. Komm. S. 193 f.). dann ist dieser zugleich pflichtversichert, und der Dritte, der durch einen Verkehrsunfall geschädigt wird, ist im Rahmen der §§ 158 c ff. VVG geschützt. Führt ein unberechtigter Fahrer das Fahrzeug – unberechtigt, weil er ohne Genehmigung des Verfügungsberechtigten den Wagen benutzte –, dann haftet grundsätzlich an Stelle des Halters der unberechtigte Fahrer, der Halter zusätzlich nur, wenn er schuldhaft die Benutzung des Wagens durch den Fahrer ermöglicht hatte oder der Benutzer als Fahrer bei ihm angestellt oder bei einer Nichtanstellung das Fahrzeug ihm vom Halter überlassen worden war (vgl. § 7 Abs. 3 StVG, Komm. S. 37). Bei Alleinhaftung des unberechtigten Fahrers, etwa eines Diebes, war in der Regel die Folge, daß das Verkehrsopfer bei einem vom unberechtigten Fahrer verursachten Verkehrsunfall seinen Schaden infolge Vermögenslosigkeit des Fahrers nicht ersetzt bekam. Die bedingungsmäßige Neuregelung schafft hier Wandel.

Wenn der unberechtigte Fahrer auch nach dem Pflichtversicherungsgesetz weiterhin nicht pflichtversichert ist, so ist er doch durch den neuen § 10 Abs. 2 mitversichert, und durch den gleichfalls neu geschaffenen § 10 Abs. 3 ist eine im Ergebnis dem § 158 c VVG entsprechende Regelung getroffen, die den verkehrsunfallgeschädigten Dritten, dessen Schaden anderweitig nicht gedeckt wird, sichert (vgl. hier S. 58). Diese Regelung steht in engem Zusammenhang mit § 2 (2) b AKB. Er bestimmt, daß der Versicherer von der Verpflichtung zur Leistung frei wird, wenn ein unberechtigter Fahrer den Versicherungsfall herbeigeführt hat. Hat der unberechtigte Fahrer zugleich keine Fahrerlaubnis besessen, dann würde auch dieser Umstand durch die umfassende Regelung des § 2 (2) b gedeckt sein, so daß die schon in der bisherigen Fassung der AKB verhanden gewesene und nicht geänderte Regelung bei mangelnder Fahrerlaubnis mit Bezug auf den unberechtigten Fahrer entbehrlich ist (§ 2 (2) c n. F.).

Die Schadenverursachung, die dadurch herbeigeführt wird, daß ein unberechtigter Fahrer (vgl. Komm. S. 194 f.) das Fahrzeug gebraucht – Schwarzfahrt –, ist eine Obliegenheitsverletzung, für die § 6 Abs. 1 und 2 VVG gilt (vgl. Komm. S. 328 ff.). Eine Obliegenheit für den Versicherungsnehmer oder Halter wird durch § 2 (2) b nicht begründet. Wie ausdrücklich bestimmt ist, bleibt ihnen gegenüber die Verpflichtung des Versicherers zur Leistung bestehen. Gleiches gilt gegenüber den anderen mitversicherten Personen (vgl. § 3 Abs. 1 AKB).

Zu § 3

Die Änderungen in § 3 sind mit zwei Ausnahmen lediglich auf geänderte Absatzbezeichnungen zurückzuführen. Neu aufgenommen ist in Abs. 1 die Bestimmung des § 13 Abs. 7 und des § 20 Abs. 2.

Zu § 4

In § 4 Abs. 1 a und 1 b ist u. a. von der – stillschweigenden – Verlängerung des Vertrages um ein Jahr die Rede, wenn er nicht *spätestens* drei Monate vor Ablauf gekündigt wird. Das Wort „spätestens" ist durch die neue Fassung der Bedingungen eingefügt worden.

Zu § 5 – Abs. 2 bis 7 neu

Die bis zum 31. 12. 1961 gültig gewesene Fassung des § 5 hatte ihren Ausgangspunkt in den zur Zeit der Einführung der Pflichtversicherung bestehenden Kriegsverhältnissen und regelte die Frage der Unterbrechung des Versicherungsschutzes lediglich für den Fall, daß dem Versicherungsnehmer die Verfügungsgewalt über sein Fahrzeug durch behördliche Eingriffe nicht strafrechtlicher Art, z. B. das damals gültige Reichsleistungsgesetz, entzogen wurde. Diese Bestimmung ist in der seit dem 1. 1. 1962 gültigen neuen Fassung fortgefallen, obwohl auch heute Tatbestände möglich oder wieder möglich sind, die zu einer Stillegung von Fahrzeugen durch behördliche Maßnahmen führen können (Bundesleistungsgesetz, Benzinmangel, Verkehrsüberlastung in Großstädten u. a.; vgl. Komm. S. 351).

Der neugefaßte § 5 trifft Bestimmungen über eine vorübergehende Stillegung, wie sie unter der Geltung des § 5 a. F. in der bisherigen Grundregel 10 über die Ruheversicherung und in den Sonderbedingungen für das Einstellraumrisiko in der Kraftfahrhaftpflicht- und Fahrzeugversicherung geregelt war (vgl. Komm. S. 355 ff.). Einen Rechtsanspruch auf eine Regelung dieser Art hatte der Versicherungsnehmer nicht. Um jedoch in der Vergangenheit aufgetretenen Nachteilen für den Kraftfahrzeughalter vorzubeugen, haben die Versicherer dem Versicherungsnehmer jetzt einen Rechtsanspruch eingeräumt. Dies bedeutet u. a., daß der Versicherungsnehmer während der Stillegung kündigen kann, andererseits nach einer Kündigung den Wagen vorübergehend stillegen kann. Auch der Versicherer kann im Rahmen des § 4 AKB kündigen. Der Grundsatz der Unterbrechung des Versicherungsschutzes im Falle einer vorübergehenden Stillegung ist in § 5 Abs. 1 enthalten, während die näheren Bestimmungen in den Absätzen 2 bis 7 getroffen worden sind. Der Versicherungsnehmer kann sein Fahrzeug aus dem Verkehr ziehen. Geschieht dies vorübergehend – „Stillegung" nach § 27 Abs. 6 StVZO (vgl. Komm. S. 54) –, so wird der Versicherungsvertrag hierdurch nicht berührt. Nach § 5 Abs. 1 Satz 2 AKB kann aber der Versicherungsnehmer Unterbrechung des Versicherungsschutzes verlangen, wenn und sobald er eine Abmeldebescheinigung der Zulassungsstelle dem Versicherer vorlegt. § 27 Abs. 6 StVZO verlangt in Nr. 1, daß im Falle der vorübergehenden Stillegung der Kraftfahrschein abgeliefert und das amtliche Kennzeichen entstempelt wird, ferner, daß die Stilllegung von der Zulassungsstelle im Kraftfahrzeugbrief vermerkt wird. Die Unterbrechung des Versicherungsschutzes setzt ferner voraus, daß die Stillegung mindestens 1 Monat beträgt. Wird das vorübergehend stillgelegte Fahrzeug noch vor Ablauf eines Monats wieder in Betrieb genommen, dann gilt die Unterbrechung des Versicherungsschutzes als von Anfang an nicht eingetreten, und der Versicherungsnehmer bleibt an die Bestimmungen seines Versicherungsvertrages, insbesondere auch hinsichtlich der Prämienzahlung, gebunden. Andererseits leistet der Versicherer ohne Unterbrechung den vertragsgemäßen Versicherungsschutz.

Für die Zeit der Unterbrechung des Versicherungsschutzes richten sich die Rechte und Pflichten der Vertragschließenden nach den Absätzen 2–6 des § 5 AKB. Während der Unterbrechung wird Versicherungsschutz gemäß Abs. 2 in der Haftpflichtversicherung nach den §§ 10 und 11, in der Fahrzeugversicherung nach dem § 12 Abs. 1 I und Abs. 2, 3 gewährt. In der Unfall- und Gepäckversicherung entfällt der Versicherungsschutz (§ 5 Abs. 3).

Zu beachten ist, daß durch die Unterbrechung des Versicherungsschutzes die Anwartschaft auf einen Schadenfreiheitsrabatt für das Kalenderjahr verlorengeht, da hierfür schadenfreier und ununterbrochener Verlauf des Versicherungsverhältnisses Voraussetzung ist.

In der Haftpflichtversicherung bedeutet die Anwendung des § 10 insbesondere, daß der Versicherer Versicherungsschutz in sachlicher und persönlicher Hinsicht gewährt, wenn durch den Gebrauch des Fahrzeugs Personen verletzt oder getötet oder Sachen beschädigt oder zerstört werden oder abhanden kommen (vgl. Komm. S. 409 ff.). Es gelten die in § 11 angeführten Haftungsausschlüsse (vgl. Komm. S. 424 ff.). Die Stillegung bedingt, daß das Fahrzeug abgestellt wird. Dies kann innerhalb eines Einstellraumes (Garage, Sammelgarage, Schuppen und dgl.) oder auf einem umfriedeten Abstellplatz (abgeschlossener Hof eines Grundstücks, eingezäunter Lagerplatz u. ä.) geschehen. Keine Stillegung ist gegeben, wenn das Fahrzeug auf freiem Feld oder auf der Straße abgestellt wird, mag es auch eine Sackgasse oder eine Privatstraße sein – es sei denn, letztere liegt in einem umzäunten Gebiet. Ein Gebrauch des Fahrzeugs außerhalb des Einstellraumes oder des umfriedeten Abstellplatzes ist nicht erlaubt (Abs. 2 Satz 2). Der Begriff „Gebrauch" umfaßt nicht nur das Benutzen und den Betrieb des Fahrzeugs im öffentlichen Verkehr, nicht nur die reine Fahrtätigkeit, sondern auch Verrichtungen vor und nach Beginn einer Fahrt sowie während der Unterbrechungen auf einer Fahrt (vgl. Komm. S. 198 ff.). Jedoch müssen nach dem Zweck der Stillegung Verrichtungen zur Erhaltung des Fahrzeugs für den späteren Gebrauch gestattet bleiben, z. B. Beseitigung während der Stillegung und Abstellung des Wagens eingetretener Schäden in einer Reparaturwerkstatt (vgl. auch den Schlußabsatz) oder das Laufenlassen des Motors (so auch Brugger VersR. 1962 S. 2). Das Abstellen darf ferner nicht nur vorübergehend vorgenommen werden. Ein Verstoß gegen diese Verbote ist Verletzung einer vor Eintritt des Versicherungsfalls zu erfüllenden Obliegenheit, die den Versicherer von der Verpflichtung zur Leistung befreit. Es gilt § 6 Abs. 1 und 2 VVG (vgl. Komm. S. 328 ff.). Der geschädigte Dritte ist durch die §§ 158 c ff. VVG geschützt. Denkbar ist, daß die Obliegenheitsverletzung ohne Wissen und Willen des Versicherungsnehmers geschehen und auch nicht grobfahrlässig von ihm ermöglicht worden ist. In diesem Falle ist der Versicherer dem Versicherungsnehmer gegenüber von seiner Leistungspflicht nicht befreit.

§ 10 a gilt im Rahmen des § 5 AKB nicht (a. M. Stiefel-Wussow, 5. Aufl., § 5 Anm. 5, S. 158). Die Verbindung eines Anhängers mit dem Kraftfahrzeug während der Stillegung (vgl. § 10 a Abs. 1) widerspricht dem Zweck der Stillegung des Fahrzeugs, und der Betrieb des Kraftfahrzeugs während der Stillegung (vgl. § 10 a Abs. 2) wäre – nicht gestatteter – Gebrauch. Für die Versicherung des Anhängers während der Stillegung wäre allenfalls nur § 10 a Abs. 3 von Belang.

In der Fahrzeugversicherung ergibt sich für die Zeit der Stillegung aus der entsprechenden Anwendung des § 12 Abs. 1 I, daß die Bestimmungen über die Teilversicherung (Brand, Explosion, Entwendung, Naturkatastrophen) gelten. aus der Anführung des § 12 Abs. 2 und 3, daß Bruchschäden an der Verglasung des Fahrzeugs in vollem Umfange, Schäden an der Bereifung insoweit ersetzt werden, als sie durch ein Ereignis geschehen, das gleichzeitig auch andere versicherungsschutzpflichtige Schäden an dem Fahrzeug verursacht hat (vgl. Komm. S. 433 ff., 442 ff.).

Will der Versicherungsnehmer das Fahrzeug wieder in den Verkehr bringen, muß er es bei der Zulassungsstelle erneut anmelden und dem Versicherer das Ende der Stillegung unverzüglich anzeigen. Mit der Wiederanmeldung lebt der Versicherungsschutz uneingeschränkt wieder auf (§ 5 Abs. 4 AKB), ohne daß es auf die Anzeige an den Versicherer ankommt, an deren Unterlassung Folgewirkungen nicht geknüpft sind (vgl. aber Abs. 5 u. 6). Der Beginn des wiederaufgelebten Versicherungsschutzes zeigt schon vor der Anmeldung bei der Zulassungsstelle Wirkungen, weil er sich bereits auf solche Fahrten erstreckt, die mit der Abstempelung des Kennzeichens verbunden sind. Dies muß der Versicherungsnehmer beweisen. Dazu gehören Fahrten zur Zulassungsstelle selbst, zur Tankstelle, zu einer Reifenfirma. Auch eine vorher erforderliche Fahrt zu einer Reparaturwerkstatt muß, da sie im Zusammenhang mit der Stillegung steht. bereits vom Versicherungsschutz erfaßt angesehen werden, wenn die Reparatur zur ordnungsgemäßen Inbetriebsetzung des Fahrzeugs notwendig, andererseits so geringfügig ist, daß ein Abschleppen dorthin wirtschaftlich nicht vertretbar wäre.

Zu § 5 Abs. 5, 6

Die Unterbrechung des Versicherungsschutzes läßt den Versicherungsvertrag mit der in den Abs. 2 und 3 bestimmten oben erwähnten Änderung seines Inhalts unberührt. Er wird jedoch nach Abs. 5 um die Dauer der Stillegung verlängert. Unabhängig von Abs. 5 endet der Versicherungsvertrag aber in den nachstehenden Fällen. ohne daß es einer Kündigung bedarf: Wird dem Versicherer nach Unterbrechung des

Versicherungsschutzes nicht innerhalb eines Jahres seit der behördlichen Abmeldung das Ende der Stillegung angezeigt und hat sich der Versicherer innerhalb dieser Frist weder dem Versicherungsnehmer noch einem anderen Versicherer gegenüber auf das Fortbestehen des Vertrages berufen, so endet der Versicherungsvertrag mit dem Ablauf dieses Jahres; es bedarf keiner Kündigung (Abs. 6 Satz 1). Diese Regelung hat den Zweck, hinsichtlich der Beendigung der Stillegung klare Rechtsverhältnisse zu schaffen. Der Versicherer kann nunmehr der Zulassungsstelle Anzeige über die Beendigung des Versicherungsverhältnisses gemäß § 29 c StVZO erstatten und sich damit von weiterer Haftung befreien (vgl. Komm. S. 267 ff.). Eine solche Anzeige ist bei vorübergehender Stillegung nicht erforderlich, da das Versicherungsverhältnis hierdurch nicht endet und die Versicherungsbestätigung in Geltung bleibt (vgl. Komm. S. 354). Diese Regelung soll des weiteren aber auch einer etwaigen Doppelversicherung vorbeugen, die dadurch entstehen kann, daß der Versicherungsnehmer – oft in Unkenntnis der Versicherungsbedingungen – vor der Wiederanmeldung seines Fahrzeugs auf der Zulassungsstelle mit einem anderen Versicherer einen Vertrag abschließt oder gar lediglich die Versicherungsbestätigungskarte eines anderen Versicherers vorlegt, wie dies in Fällen der auf S. 230, 231 des Kommentars geschilderten Art möglich ist. Will der Versicherer im Falle der Stillegung von sich aus unabhängig von einer Anzeige des Versicherungsnehmers über die Wiederanmeldung des Fahrzeugs die Beendigung des Versicherungsvertrags infolge Ablaufs der Jahresfrist verhindern, muß er sich innerhalb dieser Frist mit seinem Versicherungsnehmer oder einem von diesem etwa wegen Abschlusses einer Kraftverkehrsversicherung in Anspruch genommenen Zweitversicherer in Verbindung setzen.

Schließlich ist noch der in Abs. 6 Satz 2 geregelte Fall einer Beendigung des Versicherungsvertrages ohne Kündigung zu erwähnen. Im Straßenverkehrsrecht gilt ein zunächst nur vorübergehend stillgelegtes Fahrzeug als endgültig aus dem Verkehr gezogen, wenn seit der Stillegung ein Jahr abgelaufen ist (§ 27 Abs. 6 Satz 2 StVZO; Komm. S. 54). Der Halter hat die Außerbetriebnahme der Zulassungsstelle unverzüglich anzuzeigen und das amtliche Kennzeichen entstempeln zu lassen (§ 27 Abs. 5 a. a. O.). Auch der Versicherungsvertrag endet gemäß obenerwähntem Abs. 6 Satz 2, wenn das Kraftfahrzeug nicht innerhalb eines Jahres seit der Stillegung wieder zum Verkehr angemeldet wird. Die Frist beginnt mit dem Tag der behördlichen Abmeldung des Fahrzeugs, der in der Regel mit dem Vermerk der Zulassungsstelle über die Stillegung im Kraftfahrzeugbrief übereinstimmen wird (vgl. § 27 Abs. 6 Satz 1 Nr. 1 StVZO). Zur Klarstellung sei hervorgehoben, daß bei Beendigung der Stillegung durch Wiederanmeldung zum Verkehr innerhalb eines Jahres seit der behördlichen Abmeldung wegen vorübergehender Stillegung der Versicherungsschutz uneingeschränkt wieder auflebt, der Versicherer mithin die Fortsetzung des – um die Zeit der vorübergehenden Stillegung verlängerten – Versicherungsvertrags nicht ablehnen kann.

In allen vorstehend angeführten Fällen der endgültigen Beendigung des Versicherungsvertrages gemäß Abs. 6 gilt hinsichtlich der Beitragsabrechnung § 6 Abs. 3 AKB i. V. m. § 5 Abs. 6 Satz 3, wonach der über den Tag der endgültigen Abmeldung des Fahrzeugs hinaus bezahlte Beitragsanteil auf eine gleichartige Kraftverkehrsversicherung angerechnet oder nach Kurztarif abgerechnet wird (vgl. Komm. S. 361).

Auf Verträge für Fahrzeuge, die ein Versicherungskennzeichen führen müssen (vgl. § 67 b StVZO; Komm. S. 186 f.) – d. s. betriebserlaubnispflichtige Fahrräder mit Hilfsmotor oder Kleinkrafträder mit einer Höchstgeschwindigkeit von nicht mehr als 40 km/h – und auf Verträge mit kürzerer Versicherungsdauer als einem Jahr finden die Bestimmungen, wonach der Versicherungsnehmer eine Unterbrechung des Ver-Versicherungsschutzes verlangen kann, keine Anwendung (§ 5 Abs. 7). Es bleibt daher für diese Fahrzeuge bei dem Grundsatz, daß der Versicherungsvertrag durch eine vorübergehende Stillegung des Fahrzeugs nicht berührt wird.

Zu § 7

In I Abs. 2 wird auf Grund der vom 1. 1. 1962 ab gültigen Fassung gefordert, daß der Versicherungsfall innerhalb einer Woche schriftlich anzuzeigen ist. Nach der alten Fassung hieß es: „Unverzüglich, spätestens innerhalb einer Woche." Unverzüglich bedeutet: Ohne schuldhaftes Zögern. Wird eine der in § 7 festgesetzten Obliegenheiten verletzt, so ist der Versicherer dem Versicherungsnehmer gegenüber von seiner Verpflichtung zur Leistung frei, es sei denn, daß die Verletzung weder auf Vorsatz noch auf grober Fahrlässigkeit beruht (§ 7 V Satz 1; Komm. S. 384). Die neue Fassung hat eine Ergänzung des § 7 V Satz 1 eingefügt. Danach können die Vertragschließenden durch eine der Genehmigung der Aufsichtsbehörde unterliegende Sonderbedingung vereinbaren, daß der Versicherer bei Verletzung einer Obliegenheit nicht leistungsfrei sein soll. Diese Möglichkeit ist u. a. im Hinblick auf die Sonderbedingung für die Anzeige von Sachschäden bis zu einer Höhe von DM 200,– (vgl. hier S. 79) geschaffen worden, um zu vermeiden, daß der Versicherungsnehmer wegen Verletzung der Bestimmung des § 7 I Abs. 2 seinen Versicherungsschutz verliert, weil er z. B. einen Schaden verspätet angemeldet hat in der – irrtümlichen – Annahme er könne zur Erhaltung seines Anspruchs auf Schadenfreiheitsrabatt bzw. auf Beitragsermäßigung aus technischem Überschuß den eingetretenen Schaden als unter DM 200,– bleibend selbst regulieren, während der Schaden in Wirklichkeit ein erheblich größeres Ausmaß angenommen hat.

Zu § 9 a – neu

Abs. 2 der bisherigen Fassung des § 9 a AKB bestimmte, daß Änderungen des Einheitstarifes von ihrem Inkrafttreten an Wirkung auch für bereits bestehende Versicherungsverhältnisse haben. Eine entsprechende Bestimmung ist unter Anpassung an die veränderten Tarifverhältnisse als neuer Abs. 1 in die neue Fassung der AKB übernommen und um die Auswirkungen geänderter Versicherungsbedingungen auf laufende Verträge erweitert worden. Nach Abs. 1 der Neufassung ändern sich die Versicherungsbedingungen und die Tarifbeiträge bei laufenden Verträgen mit der nach dem Inkrafttreten der Änderungen für den einzelnen Versicherungsvertrag beginnenden neuen Versicherungsperiode ohne die Möglichkeit einer Kündigung durch den Versicherungsnehmer. Er könnte gegen die Änderungen etwa der Allgemeinen Versicherungsbedingungen nur gemäß § 138 BGB einwenden, daß die Änderungen gegen die guten Sitten verstoßen (vgl. dagegen Stiefel-Wussow, 5. Aufl., § 9 a, Anm. 1 und Sieg ZVersWiss 1962 S. 496). Dieser Einwand erscheint aber aussichtslos, da die AVB von der Aufsichtsbehörde genehmigt werden müssen und diese bereits von Amts wegen etwaige Verstöße gegen das Gesetz prüft. Zu den Allgemeinen Versicherungsbedingungen gehören alle Bestandteile des Geschäftsplans bildende und daher der Genehmigung der Aufsichtsbehörde unterliegende, für eine Vielzahl von Verträgen geltende und insoweit daher „allgemeine" Versicherungsbedingungen, also auch die o. S. 34 ff. erwähnten Sonderbedingungen. Eine Ausnahme von Abs. 1 – keine Möglichkeit zu kündigen – gilt gemäß Abs. 2 nur für Änderungen der Tarifbeiträge. Erhöht sich durch die Änderung des Tarifes der Beitrag für die einzelne Versicherungsart im Einzelfall ohne Berücksichtigung eines Nachlasses für schadenfreies Fahren um mehr als 20 v. H., dann kann der Versicherungsnehmer nach seiner Wahl den von der Änderung betroffenen Teil des Vertrages (Haftpflicht-, Fahrzeug-, Unfall-Versicherung) oder den ganzen Vertrag kündigen (vgl. ähnlich § 4 Abs. 5 AKB). Der Versicherer muß die Änderung des Tarifbeitrages dem Versicherungsnehmer mitteilen, und der Versicherungsnehmer muß innerhalb von zwei Wochen nach Eingang dieser Mitteilung zum Ablauf des laufenden Versicherungsjahres (Versicherungsperiode) kündigen, wenn er am Vertrag nicht festhalten will. Stehen von der Mitteilung des Versicherers über die Beitragserhöhung an weniger als zwei Wochen vor dem Ablauf des zur Zeit der Tarifänderung laufenden Versicherungsjahres zur Verfügung und kann die Kündigung damit nicht mehr zum Ablauf des laufenden Versicherungsjahres wirksam werden, dann hat die Kündigung sofortige Wirkung. Fällt hierbei ein Teil der Versicherungszeit in das neue Versicherungsjahr, so wird der Beitrag für diese Zeit nach dem neuen Tarif anteilig berechnet.

Die Fassung des § 9 a (2) ergibt nicht, daß die Mitteilung des Versicherers den Hinweis enthalten muß, daß die Tariferhöhung mehr als 20 v. H. beträgt. Dies wäre praktisch auch kaum durchführbar, da jede Erhöhung immer eine Masse von Versicherungsverträgen erfassen würde. Der Besuch eines Vertreters ohne Vorlage der neuen Beitragsrechnung, auch wenn er auf die Erhöhung um mehr als 20 v. H. hinweisen würde, reicht nicht aus. Ebensowenig genügt ein schriftlicher Hinweis des Versicherers auf eine Bekanntmachung von Änderungen etwa im Bundesanzeiger oder in der Hauszeitung des Versicherers oder in Tageszeitungen oder gar die Annahme des Versicherers, schon die Veröffentlichung als solche reiche für das Inkrafttreten der geänderten tariflichen Beitragshöhe aus. In der Mitteilung des Versicherers braucht auf die Kündigungsmöglichkeit nach den Versicherungsbedingungen nicht hingewiesen zu werden, doch dürfte ein solcher Hinweis erwünscht sein.

Hat der Versicherer entgegen dem eben Gesagten den Versicherungsnehmer von der Beitragserhöhung von mehr als 20 v. H. nicht unterrichtet, dann hat der Versicherungsnehmer zunächst keine Möglichkeit zu kündigen. Er braucht dann aber auch den erhöhten Beitrag nicht zu zahlen, auch nicht etwa eine Erhöhung b i s zu 20 v. H., da er nach dem Zweck des Abs. 2 nicht gezwungen werden soll, eine um so vieles erhöhte Prämie ohne die Möglichkeit einer Kündigung zu zahlen. Der Versicherungsnehmer kann in diesen Fällen abwarten, bis der Versicherer ihm die Erhöhung mitteilt, worauf das vorstehend geschilderte Verfahren gemäß § 9 a Abs. 2 in Gang gesetzt wird. Kündigt der Versicherungsnehmer, der von dem Versicherer nicht oder nicht ausreichend über die mehr als 20 v. H. betragende Beitragserhöhung unterrichtet worden ist, gleichwohl, weil er die auch ihn betreffende Beitragserhöhung auf andere Weise erfahren hat, so gilt diese Kündigung im Umfang des Abs. 2.

Änderungen der Versicherungs b e d i n g u n g e n geben nach § 9 a Abs. 2 keine Möglichkeit zu einer Kündigung des Vertrages. Bei diesen Änderungen kann es sich im übrigen immer nur um Änderungen des Geschäftsplanes hinsichtlich der A l l g e m e i n e n Versicherungsbedingungen handeln die gemäß § 13 VAG der Genehmigung der Versicherungsaufsichtsbehörde bedürften. Eine Änderung im Einzelfall würde nur in den Grenzen des § 10 Abs. 3 VAG möglich sein.

Wegen der Übergangsregelung bei Einführung der geänderten Bedingungen vgl. o. S. 1. Der Aufsichtsbehörde bleibt es unbenommen, aufgrund der Verordnung über die Anwendung Allgemeiner Versicherungsbedingungen vom 29. 11. 1940 (RGBl. I S. 1543) – vgl. Komm. S. 108 – hinsichtlich des Inkrafttretens der Versicherungsbedingungen mit Wirkung für bestehende Verträge von § 9 a AKB abweichende Regelungen zu treffen. Über die Rechtsgültigkeit dieser Verordnung und die Voraussetzungen ihrer Anwendung vgl. Werner Weber ZVersWiss 1963 S. 79 ff. Statt bei Einführung der geänderten Bedingungen von den Versicherern eine geschäftsplanmäßige Erklärung zu fordern, hätte die Aufsichtsbehörde die Möglichkeit gehabt, die neuen Bedingungen nicht nur hinsichtlich der Verbesserungen, sondern im gesamten Umfange aufgrund der genannten Verordnung für bestehende Verträge für anwendbar zu erklären.

Bindungsfrist

Die Bindungsfrist bei Anträgen in der Kraftverkehrsversicherung (vgl. Komm. S. 222, 309, 312) ist, unbeschadet der Regelung für die Haftpflichtversicherung in § 3 Abs. 1 DVO/PflVG, mit Genehmigung des Bundesaufsichtsamtes für das Versicherungs- und Bausparwesen von zwei auf vier Wochen verlängert worden (vgl. VerBAV 1962 S. 46, AktZ V–A 71–1 a 62). Insoweit ist Ziff. 1 Abs. 1 des Rundschreibens R 48/40 des RAfV vom 31. 7. 1940 geändert worden (vgl. Komm. S. 104). Der Grund für die Änderung liegt darin, daß der Antragsteller bei einem Wechsel des Versicherers sich von diesem Versicherer eine Bescheinigung über die schadenfreie Zeit beschaffen muß, damit bei der Festsetzung des Beitrags des neuen Versicherers die Dauer der Schadenfreiheit berücksichtigt werden kann. Zur Beibringung dieser Bescheinigung benötigt der Antragsteller eine gewisse Zeit, die mit mindestens zwei Wochen anzunehmen ist, um die sich mithin die Bindungsfrist verlängert.

III. Änderung der besonderen Bestimmungen für die Kraftfahrzeughaftpflichtversicherung

Zu § 10 – Abs. 2, 3 und 7 neu

Nach den bis zum 31. 12. 1961 geltenden Bedingungen ergab sich aus dem Wortlaut des § 10 Abs. 1, wer versichert bzw. mitversichert gewesen ist: Der Versicherungsnehmer, der Halter, der berechtigte Fahrer. Dieser Personenkreis deckt sich mit § 1 PflVG. Für die mitversicherten Personen ist bestimmt, daß sie ihre Versicherungsansprüche selbständig geltend machen können (§ 10 Abs. 4, bisher § 10 Abs. 2). Durch den neuen § 10 Abs. 2 ist seit dem 1. 1. 1962 der Kreis der bedingungsmäßig mitversicherten Personen erweitert worden und umfaßt nunmehr den Halter, den Fahrer sowie den Beifahrer und Omnibusschaffner, soweit diese im Rahmen ihres Arbeitsverhältnisses zum Versicherungsnehmer oder Halter tätig werden. Diese Tätigkeit wird beim Beifahrer dahin verdeutlicht, daß er den berechtigten Fahrer zu seiner Ablösung oder zur Vornahme von Lade- und Hilfsarbeiten nicht nur gelegentlich begleitet. Das nur gelegentliche Mitfahren ist hier nicht gedeckt. Die Einbeziehung des Beifahrers in den Versicherungsschutz galt übrigens schon bisher hinsichtlich der Ablösung des Fahrers durch den Beifahrer sowie hinsichtlich der Berufsfahrerversicherung (vgl. Komm. S. 196, 467 ff.). Über den nur gelegentlichen Beifahrer vgl. auch Komm. S. 468 zu Anm. 7 a. Die Gleichstellung des Beifahrers mit dem Fahrer zeigt sich u. a. darin, daß auch für ihn die in § 3 Abs. 1 AKB aufgeführten Vorschriften gelten und er seine Versicherungsansprüche selbständig geltend machen kann (§ 10 Abs. 4). Vorstehendes gilt entsprechend für den Omnibusschaffner.

Gegenüber § 1 PflVG ergibt sich nunmehr, daß Pflichtversicherung und Versicherungsschutz nach den AKB sich nicht mehr bei allen mitversicherten Personen decken. Pflichtversichert sind der Versicherungsnehmer, der Halter und der **berechtigte** Fahrer. Soweit gegen sie Ansprüche geltend gemacht werden, bleibt der Versicherer in Ansehung des geschädigten Dritten gemäß §§ 158c ff. VVG zur Leistung verpflichtet. Der Beifahrer und der Omnibusschaffner genießen als Mitversicherte Versicherungsschutz nach den AKB. Ist jedoch der Versicherer ihnen gegenüber leistungsfrei, so finden zu Gunsten des geschädigten Dritten die §§ 158c ff. a. a. O. keine Anwendung. Das gleiche würde auch hinsichtlich des **nichtberechtigten** Fahrers gelten, weil auch dieser nicht pflichtversichert ist. Vgl. ferner die Ausführungen auf S. 49. Wird jedoch der Versicherungsfall durch den nichtberechtigten Fahrer herbeigeführt, dann ist nach § 10 Abs. 3 AKB der geschädigte Dritte in ähnlicher Weise wie nach den §§ 158c ff. VVG geschützt (vgl. auch Stelzer, VersR 1933 S. 505 ff.). Der Versicherer tritt insoweit aufgrund des Versicherungsvertrages in Ansehung des geschädigten Dritten in folgendem Umfang ein:

Eintreten nur im Rahmen der Mindestversicherungssummen des Pflichtversicherungsgesetzes, nicht auch im Rahmen einer etwa vertraglich vereinbarten höheren Summe;

eintreten nur subsidiär, nämlich, soweit der Geschädigte nicht Ansprüche auf Fortzahlung von Lohn oder Gehalt hat, auf Gewährung von Versorgungsbezügen (so daß Rückgriffsansprüche der Arbeitgeber gegen den Mitversicherten durch den Versicherer nicht gedeckt werden), auf Befriedigung der Ansprüche durch Versicherer oder Sozialversicherungsträger oder im Rahmen einer Amtshaftung (so daß § 839 Abs. 1 Satz 2 BGB nicht zum Zuge kommt);

eintreten nur, wenn der geschädigte Dritte seinen Verpflichtungen aus den §§ 158d und e VVG (vgl. Komm. S. 279 ff., 282 ff.) nachkommt und wenn der geschädigte Dritte seine Schadenersatzansprüche in Höhe der Leistungen des Versicherers an ihn abtritt.

Wie in § 158 c Abs. 5 VVG bestimmt ist, gilt auch hier, daß ein unmittelbares Klagerecht des geschädigten Dritten gegen den Versicherer nicht besteht.

Eine unmittelbare Anwendung der Vorschriften der §§ 158 c–h VVG mit Bezug auf die Haftung des Versicherers bei Verkehrsunfällen, die durch einen unberechtigten Fahrer herbeigeführt werden, ist nicht möglich, da es sich insoweit nicht um eine Pflichtversicherung handelt (a. M. Fleischmann in VersR 1962 S. 507). Diese ist gemäß § 158 b a. a. O. nur gegeben, wenn zum Abschluß der Haftpflichtversicherung eine gesetzliche Verpflichtung besteht, wobei unter „Gesetz" jede Rechtsnorm, also auch eine Rechtsverordnung zu verstehen ist. Eine gesetzliche Verpflichtung, eine Haftpflichtversicherung auch für den unberechtigten Fahrer abzuschließen, besteht aber nicht. Vielmehr handelt es sich um eine von den Versicherern freiwillig übernommene Verpflichtung, dem Dritten auch dann Ersatz zu leisten, wenn ihm durch den unberechtigten Fahrer ein Schaden entsteht. Es handelt sich hier mithin um vertragliche Abmachungen mit einer dem § 158 c VVG angepaßten obligatorischen Verpflichtung des Versicherers. Diese bedingungsmäßige Verpflichtung des Versicherers weist gegenüber den Mindestforderungen in § 158 c a. a. O. Abweichungen und Beschränkungen der Leistungspflicht des Versicherers auf, was im Falle des Vorliegens einer Pflichtversicherung nicht möglich wäre, und entbehrt des für eine Pflichtversicherung typischen gesetzlichen Zwanges. Die für die Regelung in § 10 Abs. 3 AKB vorgeschriebene Genehmigung der Versicherungsaufsichtsbehörde ist einer gesetzlichen Verpflichtung in dem dargelegten Sinn nicht gleichzusetzen. Mit Recht sind daher die §§ 158 d und e sowie der Inhalt des § 158 c VVG – mit den Abweichungen – in § 10 Abs. 3 AKB ausdrücklich aufgeführt, um diesen gesetzlichen Vorschriften entsprechende vertragliche Wirkungen zu erzielen.

Während die in § 158 c VVG getroffene Regelung eine den Versicherern im öffentlich-rechtlichen Interesse gesetzlich auferlegte Verpflichtung ist (vgl. Komm. S. 263), handelt es sich im Falle des § 10 Abs. 3 AKB um eine vom Versicherer freiwillig übernommene § 158 c VVG angepaßte obligatorische Verpflichtung, im Ergebnis, wie sich aus Nachstehendem ergibt, um eine sich in die gleiche Konstruktion einfügende Regelung im öffentlich-rechtlichen Interesse. Man kann diese freiwillige Verpflichtung der Versicherer nicht als einen Vertrag zu Gunsten eines Dritten ansehen, wie es Prölss VVG, 14. Aufl., § 2 Anm. 3 und 5, § 10 AKB Anm. 4, S. 642, 648, 667, und Stiefel-Wussow, 5. Aufl., § 10 Anm. 14 und 22, tun. Nach § 10 Abs. 3

Satz 3 AKB ist ein unmittelbarer Anspruch des Dritten ausgeschlossen. Es fehlt auch im Verhältnis zwischen dem Versicherer und dem Versicherungsnehmer an einem inneren Grund für einen solchen Vertrag. Der Versicherungsnehmer ist gegen Haftpflichtansprüche geschützt. Daß ein individuell nicht bestimmter Dritter im Falle einer Fahrt durch einen nicht berechtigten Fahrer vom Versicherer befriedigt wird, ist eine im öffentlich-rechtlichen Interesse liegende Regelung. Wenn gleichwohl diese Regelung Bestandteil des dem Privatrecht unterliegenden Kraftverkehrs-Versicherungsvertrages zwischen Versicherer und Versicherungsnehmer ist, so gilt sie für den letzteren auf Grund seines Unterworfenseins unter die Allgemeinen Versicherungsbedingungen. Auf Grund dieses Tatbestandes hat der unberechtigte Fahrer, der in den Grenzen des § 10 Abs. 3 mitversichert ist, einen Anspruch gegen den Versicherer, den der Dritte pfänden und sich überweisen lassen kann (vgl. Komm. S. 262).

Zu § 10 Abs. 7

Neu eingefügt ist in § 10 der Abs. 7. Er behandelt die Leistung des Versicherers bei Auslandsfahrten innerhalb Europas, wenn eine am Schadenstag gültige internationale Versicherungskarte ausgestellt worden ist oder durch Zusatzversicherung zum Abkommen über die internationale Versicherungskarte hierauf verzichtet worden ist. Die Regelung in Abs. 7 entspricht der bisherigen Grundregel 2 Nr. 2 Abs. 2 letzter Satz (vgl. Komm. S. 136, 209, 240, 315 f.). Der Versicherer haftet hiernach für Schäden des Versicherungsnehmers im Ausland mindestens nach den Versicherungsbedingungen und den Versicherungssummen, die nach den Gesetzen des Besuchslandes über die Pflichtversicherung vereinbart werden müssen, eine Auswirkung des § 2 Abs. 1 AKB, wonach die Kraftverkehrsversicherung für ganz Europa gilt. Voraussetzung für die Ausstellung einer (grünen) internationalen Versicherungskarte ist, daß die Deckungssummen mindestens DM 250 000,– für Personenschäden, DM 50 000,– für Sachschäden und DM 10 000,– für Vermögensschäden betragen, da im Ausland vielfach höhere Mindestversicherungssummen als bei uns, teilweise sogar eine Haftung ohne Begrenzung, bestehen. Geht der Versicherungsschutz über den vom Besuchsland geforderten hinaus oder ist die vereinbarte Höhe der Versicherungssumme höher, als sie von dem ausländischen Staat gefordert wird, hat der Versicherungsnehmer Versicherungsschutz in dem vereinbarten Umfang bzw. der vereinbarten Höhe. Ist die vereinbarte Versicherungssumme niedriger oder der Umfang des Versicherungsschutzes im übrigen geringer, als sie der ausländische Staat fordert. gewährt der Versicherer gleichwohl die nach dem ausländischen Recht geforderte Deckung.

Zu § 10 Abs. 8

Dieser Absatz entspricht dem bisherigen Abs. 5, enthält jedoch einen dem Schluß angefügten neuen Halbsatz, wonach der Versicherer den Versicherungsnehmer auf die Folgen der in Abs. 8 getroffenen Regelung hinweisen muß. Wenn der Versicherer die Möglichkeit hat, den Haftpflichtanspruch des Geschädigten durch Anerkenntnis, Befriedigung oder Vergleich zu erledigen, die Erledigung jedoch daran scheitert, daß der Versicherungsnehmer die vom Versicherer verlangte Zustimmung verweigert oder die Erledigung sonstwie an dem Verhalten des Versicherungsnehmers scheitert, dann ist nach Abs. 8 der Versicherer von der Verpflichtung zur Leistung insoweit befreit, als durch die am Verhalten des Versicherungsnehmers gescheiterte Erledigung des Schadenfalles vom Zeitpunkt der Weigerung an Mehrkosten entstehen. Diese Mehrkosten können die Forderung des Geschädigten betreffen, sie können aber auch durch Zinsen und sonstige Kosten verursacht sein. Durch den Zusatz in Abs. 8 wird klargestellt, daß die Folge der teilweisen Befreiung des Versicherers von der Vertragsleistung nur eintreten soll, wenn der Versicherer den Versicherungsnehmer ausdrücklich hierauf aufmerksam gemacht hat. Daß dies geschehen ist, hat der Versicherer zu beweisen (vgl. im übrigen hierzu Komm. S. 423).

Hinsichtlich der übrigen hier nicht erläuterten Bestimmungen des § 10 AKB vgl. Komm. S. 408 ff.

Zu § 10 a

§ 10 a entspricht mit einigen Änderungen der bisherigen Grundregel 8 des Einheitstarifs (vgl. Komm. S. 141, 147). Er regelt den Versicherungsumfang bei Anhängern, die nach Zweck und Einrichtung, in der Regel auch nach der Bauart nicht für die Personenbeförderung bestimmt sind. Über den Begriff des Anhängers vgl. auch Komm. S. 174, 203. Nach Abs. 4 gelten als Anhänger i. S. d. § 10 a auch Auflieger, die nicht zur Personenbeförderung bestimmt sind, Wohnwagenanhänger und abgeschleppte betriebsunfähige Fahrzeuge, wenn für diese kein Versicherungsschutz besteht. Aus dem Begriff „betriebsunfähige Fahrzeuge" ergibt sich, daß es sich um Kraftwagen handeln muß, die deshalb nicht mehr betriebsfähig sind, weil sie sich nicht mehr mit eigener Kraft weiter bewegen können. Abs. 1 und 2 regeln den Umfang der Versicherung des Kraftfahrzeuges, wenn ein Anhänger der vorstehend bezeichneten Art mit dem Kraftfahrzeug verbunden ist. In diesem Falle ergänzt § 10 a Abs. 1 die Regelung der Haftpflichtversicherung in § 10, indem auch solche durch den Anhänger verursachte Schäden gedeckt werden, die sich gegen den Halter oder Fahrer des Anhängers richten. Beide sind daher bei Vorliegen der gegebenen Voraussetzungen durch die Versicherung des Kraftfahrzeugs mitversichert, wobei u. U. eine

Doppelversicherung gegeben sein kann (ebenso Stiefel-Wussow, 5. Aufl., § 10 a Anm. 1, S. 322). Hat sich der Anhänger während des Betriebes des Kraftfahrzeugs gelöst, befindet er sich aber noch in Bewegung, so umfaßt die Haftpflichtversicherung des Kraftfahrzeugs auch hierdurch eintretende Schadenersatzansprüche gegen den Halter und Fahrer des Kraftfahrzeugs und gegen den Halter und Fahrer des Anhängers. „Betrieb" ist gegenüber dem Begriff „Gebrauch" enger (vgl. Komm. S. 198). Befindet sich der losgelöste Anhänger nicht mehr in Bewegung, so tritt die Haftpflichtversicherung des ziehenden Kraftfahrzeugs nicht ein, und Versicherungsschutz bestünde nur im Rahmen der Versicherung des Anhängers. Maßgebend ist hiernach, ob der losgelöste Anhänger im Augenblick des Schadenfalles in Bewegung ist. Der Anhänger hat sich gelöst, wenn die Verbindung zwischen ihm und dem Motorwagen nicht durch Menschenhand, also etwa nicht durch Abkoppeln, sondern ohne menschliche Einwirkung geschieht (ebenso Stiefel-Wussow, 5. Aufl., § 10 a Anm. 5).

Ein abgeschlepptes betriebsunfähiges Fahrzeug ist kein Anhänger (vgl. § 18 Abs. 1 StVZO; Komm. S. 174). Es braucht daher nicht pflichtversichert zu sein. Gleichwohl finden in diesen Fällen zur Vermeidung einer Lücke im Versicherungsschutz für das Verkehrsopfer Abs. 1 und 2 auf betriebsunfähige Fahrzeuge, die nicht versichert sind, Anwendung (vgl. Abs. 4). Es sind also durch die Versicherung des ziehenden Kraftfahrzeugs auch Halter oder Fahrer des abgeschleppten Fahrzeugs gedeckt, wenn und so lange es mit dem ziehenden Fahrzeug verbunden ist. Ist der Schleppvorgang beendet, sind der Halter oder Fahrer des betriebsunfähigen Fahrzeugs nur gedeckt, wenn das betriebsunfähige Kraftfahrzeug selbst gegen Haftpflichtschäden versichert ist.

Besteht eine Versicherung des Anhängers, dann umfaßt die Haftpflichtversicherung nach Abs. 3 auch solche Schäden, die durch den Anhänger verursacht werden, wenn er mit dem Kraftfahrzeug nicht verbunden ist oder mit ihm verbunden gewesen ist, sich aber gelöst hat und nicht mehr in Bewegung ist. Für diese Fälle sind neben dem Halter und Fahrer des Anhängers auch der Halter und Fahrer des Kraftfahrzeugs gedeckt, wobei auch in den Fällen des Abs. 3 eine Doppelversicherung möglich ist.

Dient der Anhänger nach Zweck und Bauart, mindestens nach seiner Einrichtung, der Personenbeförderung, wie z. B. der Anhänger eines Omnibusses (vgl. Komm. S. 206). dann kommt § 10 a nicht zur Anwendung. Der Halter und ggf. der Fahrer des Anhängers genießen Versicherungsschutz nach § 10 aufgrund der Versicherung des Anhängers, ohne daß Halter und Fahrer des ziehenden Fahrzeugs mitversichert sind. Umgekehrt sind Halter und Fahrer des ziehenden Fahrzeugs nach § 10 im

Rahmen ihrer Kraftverkehrsversicherung gedeckt, ohne daß Halter und Fahrer des Anhängers mitversichert sind.

Über vorübergehende Stillegung vgl. o. S. 92.

Zu § 11 Ziff. 6 letzter Satz, Ziff. 8 – neu

§ 11 Ziff. 6 bestimmt, daß Haftpflichtansprüche wegen Beschädigung, Zerstörung oder Abhandenkommens solcher Sachen von der Versicherung ausgeschlossen sind, die dem Versicherungsnehmer oder seinen Angestellten zur Beförderung übergeben oder zur Benutzung überlassen worden sind oder sich zu anderen Zwecken in ihrem Gewahrsam befinden (näheres vgl. Komm. S. 430 f.). Eine solche Sache würde auch ein betriebsunfähiges Kraftfahrzeug sein, das der Halter oder Fahrer des versicherten Fahrzeugs abschleppt. Hier schafft der neu eingefügte letzte Satz der Ziff. 6 eine Ausnahme für das Abschleppen betriebsunfähiger Fahrzeuge. Geschieht dieses Abschleppen nicht gewerbsmäßig, sondern aus Gefälligkeit und im Rahmen der ersten Hilfe, dann sollen Schäden an dem abgeschleppten Fahrzeug, für die der Versicherungsnehmer haftbar gemacht wird, durch seine Versicherung gedeckt werden. Gefälligkeit ist in etwa das Gegenteil von Geschäfts- und Gewerbsmäßigkeit und hat seinen Ursprung in der Hilfsbereitschaft, wie sie unter Autofahrern bestehen soll. Es darf sich also nicht um einen Einsatz des abschleppenden Fahrzeugs handeln, der von dem Halter zu Erwerbszwecken und in der Absicht einer auf Dauer gerichteten Tätigkeit geschieht. Ein Entgelt für Auslagen des Halters des schleppenden Fahrzeugs schließt den Gefälligkeitsakt nicht aus. Das Abschleppen als erste Hilfe wird durch den Umfang und die Grenzen der ebenerwähnten Hilfsbereitschaft bestimmt. Diese Hilfe muß sich alsbald nach dem das Abschleppen bedingenden Ereignis äußern und darf nicht das noch als Hilfe zu bezeichnende Maß überschreiten. Ein Abschleppen über die nächste Tankstelle oder Reparaturwerkstätte hinaus würde daher nicht mehr die Voraussetzung einer ersten Hilfe erfüllen. Als erste Hilfe kann daher auch nicht angesehen werden, wenn ein guter Bekannter in einem entfernten Ort gebeten wird, sein Fahrzeug zum Zwecke des Abschleppens auf den Weg zu bringen. Erste Hilfe kann grundsätzlich nur von einem unterwegs und in der Nähe befindlichen Fahrzeug geleistet werden.

Die in § 11 Ziff. 8 seit dem 1. 1. 1962 neueingefügte Bestimmung berücksichtigt Schadenfälle, die sich durch die Beförderung von Kernbrennstoffen oder sonstigen radioaktiven Stoffen ereignen. Haftpflichtschäden, die bei einem durch das versicherte Kraftfahrzeug durchgeführten behördlich genehmigungspflichtigen Transport eintreten und die Folge einer Kernspaltung oder einer Strahlung dieser Stoffe sind, sind nach Ziff. 8 von der Versicherung ausgeschlossen.

Ist der Transport solcher Stoffe behördlich nicht genehmigungspflichtig, kommt ein Risikoausschluß nicht in Betracht, und es besteht Versicherungsschutz. Versicherungsschutz im Rahmen der Kraftverkehrshaftpflichtversicherung besteht auch, wenn das versicherte Fahrzeug zwar Kernbrennstoffe oder sonstige radioaktive Stoffe befördert hat, für entstandene Strahlungsschäden jedoch der Halter oder Fahrer eines anderen Fahrzeugs verantwortlich sind, das kein derartiges Material befördert hat (vgl. Brugger Vers R 1962 S. 5). Hier wird jedoch die Haftung des Haftpflichtversicherers des transportierenden Fahrzeugs durch die begrenzte Höhe der Versicherungssummen eingeschränkt.

Für die Kraftverkehrskasko- und -Unfallversicherung besteht hinsichtlich der Kernstoff- und Strahlungsschäden kein Risikoausschluß.

Wegen der übrigen hier nicht erläuterten Bestimmungen in § 11 vgl. Komm. S. 424 ff.

IV. Änderungen der besonderen Bestimmungen für die Kraftfahrzeugversicherung

Zu § 13 – Abs. 2, 4, 9 neu.

Die seit dem 1. 1. 1962 gültige neue Fassung des § 13, von dem nur die bisherigen Abs. 3 (jetzt 7) und 6 (jetzt 8) unverändert geblieben sind, trifft für die Ersatzleistung in der Fahrzeugversicherung eine günstigere Regelung als bisher. Die günstigere Regelung gilt für alle Personen- und Kombinationswagen mit Ausnahme der Droschken, Mietwagen, Selbstfahrervermietwagen und Omnibusse. Über diese Begriffe vgl. Komm. S. 113, 139.

Der Grundsatz, daß im Falle der Zerstörung, des Verlustes oder der Beschädigung des Kraftfahrzeuges der Versicherer den Zeitwert (vgl. Komm. S. 445) ersetzt, also bis zur Höhe des gemeinen Wertes des Fahrzeugs oder seiner Teile am Tage des Schadens leistet – Abs. 1 –, bleibt bestehen, erfährt jedoch in Abs. 2 bis 9 eine in gewissem Umfange einer Neuwertversicherung gleichkommende (vgl. Ossewski, Der Betriebsberater 1962 S. 12) vorteilhaftere Regelung für den Versicherungsnehmer eines Kraftfahrzeugs der obenangeführten Art. Dies kommt durch den neuen Zusatz in Abs. 1 „soweit in den folgenden Absätzen nichts anderes bestimmt ist" zum Ausdruck.

Nach den Absätzen 4 und 5 gewährt der Versicherer bei Zerstörung oder Verlust des Fahrzeugs eine Höchstentschädigung und bei Beschädigung die Wiederherstellungskosten, die sich nach den Abs. 2 und 3 unter Berücksichtigung von Abs. 9 i. V. m. dem Zeitwert bemessen. Nach Abs. 2 erhöht sich die Versicherungsleistung für Personen- und Kombinationskraftfahrzeuge mit Ausnahme der oben genannten Fahrzeuggruppen für im ersten Jahr nach der erstmaligen Zulassung des Fahrzeugs eintretende Schäden bis zum Listenpreis des Fahrzeugs am Schadentag (nicht zum Zeitpunkt des Erwerbs des Fahrzeugs) und für Schäden, die nach dem ersten Jahr der Erstzulassung eintreten, um 25 % des Zeitwertes, jedoch begrenzt bis zum Listenpreis des Fahrzeugs am Schadentag; letzteres, um zu verhindern, daß bei einem besonders hohen Zeitwert der Fahrzeugtype am Schadentag der Listenpreis überschritten wird. Besteht ein Listenpreis für das Fahrzeug nicht mehr, so tritt an seine Stelle der Listenpreis einer gleichartigen Type in serienmäßiger Ausführung am Schadentag. Wird eine gleichartige Type in serienmäßiger Ausführung von der Herstellerfirma überhaupt nicht mehr erzeugt, weil Typen dieser Art in das Fabrikationsprogramm nicht mehr aufgenommen worden sind, oder hat das Autowerk aus irgendwelchen Gründen die Fabrikation von Kraftfahrzeugen überhaupt eingestellt, dann bleibt nur übrig, den Listenpreis einer gleichartigen Type eines anderen Automobilwerks zugrunde zu legen, deren Auswahl im Zweifelsfall ein Sachverständiger der Autobranche zu begutachten hätte.

Vom Listenpreis erfaßt werden Fahrzeuge normaler und durchschnittlicher Bauart und Ausstattung, auch soweit sie nicht serienmäßig mitgeliefert wird (vgl. Grundregel 11 des Einheitstarifs 1960 und die entsprechenden allgemeinen Tarifbestimmungen der Unternehmungen, Komm. S. 148). Als Teile des Fahrzeugs gelten [vgl. § 12 (1) AKB] neben den lebenswichtigen Teilen u. a. auch das Reserverad, die Lichthupe, Diebstahlsicherungen, Feuerlöscher (vgl. Komm. S. 434). Soweit Fahrzeuge von überdurchschnittlichem Wert oder solche mit Spezialausstattung gegen Prämienzuschlag versichert sind, gilt die Regelung in Abs. 2 auch für den etwaigen Listenpreis der besonderen Bauart und Ausstattung des Fahrzeugs.

Die Neuregelung in Abs. 2 hat zur Folge, daß für die Frage, ob bei Verlust oder Zerstörung des Fahrzeugs **Totalverlust** vorliegt (vgl. hierzu Abs. 4 und Komm. S. 446), bei Personen- und Kombinationskraftwagen – mit den obenerwähnten Ausnahmen – maßgebend ist, ob die Wiederherstellungskosten die nunmehr bedingungsmäßig festgesetzte Höchstentschädigung, d. i. im ersten Jahr nach der Erstzulassung der Listenpreis und bei Verlust oder Zerstörung nach diesem ersten Jahr der Zeitwert zuzüglich 25 %, höchstens der Listenpreis, übersteigen. Mit Brugger VersR 1962 S. 1 ff. und S. 585, sowie Stelzer VW 1962 S. 843 ist die Auffassung von Wussow in VersR 1962 S. 308 f., 405 und Stiefel-Wussow, 5. Aufl., § 13 Anm. 2, S. 396 abzulehnen, wonach für die Feststellung eines Totalschadens der notwendige Reparaturkostenaufwand mit dem Zeitwert unabhängig von den Höchstsätzen des § 13 Abs. 1 bis 3 verglichen werden müsse; dies trifft angesichts des eindeutigen Wortlauts in Abs. 1 Halbsatz 2 und Abs. 4 in § 13 nicht zu. Die AKB kennen den Begriff „Totalschaden“ nicht. Sie bestimmen in Abs. 4 lediglich, welche Entschädigung bei Zerstörung oder Verlust des Fahrzeugs zu leisten ist. Diese aber richtet sich nach den Abs. 1—3. Daher ist auch Abs. 2 bei einem Totalverlust oder Totalschaden anzuwenden.

Handelt es sich um andere als die durch Abs. 2 begünstigten Fahrzeuge, also etwa um Droschken, Mietwagen, Selbstfahrervermietwagen, Omnibusse, Lastkraftwagen, dann verbleibt es hinsichtlich der Entschädigungszahlung bei der bisherigen Regelung, wie sie sich aus Abs. 1 ergibt, d. h. bei der Begrenzung der Entschädigung auf den Zeitwert.

Restteile (vgl. unten zu Abs. 3) werden bei der Ermittlung, ob Totalverlust vorliegt, nicht berücksichtigt. Ihr Abzug erfolgt erst, wenn die Ersatzleistung ermittelt ist (so auch Brugger a. a. O. S. 586, Dornuf VW 1962 S. 684, Stelzer VW 1962 S. 843, Stiefel-Wussow, 5. Aufl., § 13 Anm. 2 S. 397. A. M. Pienitz, 3. Aufl., § 13 B II S. 279 f.).

Die gleichen Grundsätze gelten für den Fall, daß zwar die Wiederherstellung des beschädigten Fahrzeugs möglich ist, die Reparaturkosten aber so hoch sind, daß eine Wiederherstellung des Kraftwagens unwirtschaftlich wäre, das Fahrzeug mithin reparaturunwürdig ist. Auch hier handelt es sich um einen Totalverlust, vielfach wirtschaftlicher oder konstruktiver Totalschaden genannt. Bei Zugrundelegung der Abs. 1—3 für die Feststellung, ob die Reparaturkosten den unter Berücksichtigung der neuen Höchstsätze ermittelten Wert übersteigen, ist durchaus nicht immer der Fall, daß ein sogenannter wirtschaftlicher Totalschaden nicht mehr eintreten könnte; im Einzelfall ist dies trotz der erhöhten Entschädigungsgrenze auch weiterhin möglich (vgl. Brugger a. a. O. S. 585).

Die in Abs. 2 für Personen- und Kombinationswagen (mit den angegebenen Ausnahmen) festgesetzten erhöhten Entschädigungen kommen auch für die **Wiederherstellungskosten** im Falle einer Beschädigung des Kraftwagens der genannten Art oder seiner Teile in Betracht (Abs. 5). Die entstandenen Reparaturkosten werden in vollem Umfange erstattet, soweit sie nicht den Listenpreis bzw. den Zeitwert zuzüglich 25 %, höchstens aber den Listenpreis, überschreiten. Altteile werden gemäß Abs. 3 (s. unten) von der Ersatzleistung abgesetzt. Wie schon nach der bisherigen Regelung werden die einfachen Fracht- und sonstigen Transportkosten, die für die Wiederherstellung des Fahrzeugs notwendig sind, ersetzt (vgl. Kom. S. 446). Ein Abzug „neu für alt“ wird von den Kosten für die Ersatzteile und die Lackierung unter Berücksichtigung ihres Alters und ihrer Abnutzung wie bisher in dem etwas geänderten Rahmen des Abs. 5 (s. u.) gemacht (vgl. auch Komm. S. 447).

Dieser Abzug beschränkte sich nach den AKB in der bisherigen Fassung bei Krafträdern, Personenwagen, Kombinationswagen und Omnibussen bis zum Schluß des 4., bei den übrigen Kraftfahrzeugen bis zum Schluß des 3. auf das Baujahr des Fahrzeugs folgenden Kalenderjahres auf Bereifung, Batterie und Lackierung. In den seit dem 1. 1. 1962 geltenden Bedingungen ist an die Stelle des Baujahres der Zeitpunkt der Erstzulassung des Fahrzeugs getreten. Dies bedeutet u. a., daß z. B. bei Personenwagen der Abzug „neu für alt" sich in den ersten vier auf die Erstzulassung des Fahrzeugs folgenden vollen Kalenderjahren auf die Bereifung, die Batterie und die Lackierung beschränkt. Die Änderung hinsichtlich der Erstzulassung ist geschehen, um eine Anpassung an Abs. 2 herbeizuführen. Zu beachten ist aber, daß in Abs. 2 das erste Jahr nach der Erstzulassung mitten in das Jahr fallen kann, während in Abs. 5 jeweils der Schluß des Kalenderjahres maßgebend ist, das auf die Ersatzzulassung folgt.

Eine Änderung hat Abs. 3 (bisher 5) erfahren. Durch die neue Fassung sind zur Klarstellung Restteile den Altteilen gleichgestellt und werden wie diese zum Zeitwert auf die Ersatzleistung angerechnet, von dieser also abgezogen (vgl. Komm. S. 452). Aus dem Begriff „Rest- und Altteile" folgt für die Schadenregulierung, daß im Einzelfalle nicht geprüft zu werden braucht, ob es sich um einen Altteil, den Rest eines nicht mehr verwendungsfähigen, zerstörten Fahrzeugs oder um den Rest eines Fahrzeugteiles handelt, dessen Wiederherstellung sich nicht mehr lohnt. Ein Restteil kann auch vorliegen, wenn es sich um den noch verwendbaren Rest eines Altteiles handelt.

Die Absätze 6 (bisher 4), 7 (bisher 3) und 8 (bisher 6) sind unverändert geblieben. Lediglich in Abs. 6 der Neufassung heißt es jetzt „Verschleißreparaturen" statt bisher „Verschleißarbeiten", ein Unterschied, dessen Feinheit in Zweifelsfällen sich aus dem Wortsinn ergibt.

Neu eingefügt ist Abs. 9. Er führt für die Fahrzeugversicherung eine Art Wiederherstellungsklausel ein, um eine Verwendung des über den Zeitwert hinausgehenden Entschädigungsbetrages für andere Zwecke als die Wiederherstellung oder die Neuanschaffung eines Fahrzeugs zu verhindern. Die durch den neuen Abs. 2 möglich gewordene Erhöhung der Entschädigungsleistung in Verbindung mit der Anrechnung von Rest- und Altteilen kann dazu führen, daß die Entschädigungsleistung höher ist als die Berechnung nach dem Zeitwert entsprechend Abs. 1 in Verbindung mit Abs. 3. Ist dies der Fall, dann hat der Versicherungsnehmer Anspruch auf den den Zeitwert überschreitenden Teil der Entschädigung nur insoweit, als die Entschädigung innerhalb von 2 Jahren nach ihrer Feststellung (vgl. § 15 AKB; Komm. S. 461) zur Wiederherstellung des beschädigten Fahrzeugs des Versicherungsnehmers oder zur Wiederbeschaffung eines anderen Fahrzeugs verwandt wird. Daß nicht an Wiederherstellung eines anderen Fahrzeugs gedacht sein kann (vgl. Schermin in VW 1962 S. 723), durfte wohl selbstverständlich sein. Die Verwendung des den Zeitwert überschreitenden Betrages muß sichergestellt sein. Der Verwendungszweck kann als gesichert angesehen werden, wenn der Versicherungsnehmer einer Reparaturfirma einen unwiderruflichen Auftrag zur Wiederherstellung gegeben und dies dem Versicherer nachgewiesen hat oder einen Kaufvertrag über die Anschaffung eines anderen Fahrzeugs bzw. die Bestätigung der Lieferfirma über den Ankauf dem Versicherer vorlegt. Der Versicherer kann die Auszahlung der Entschädigung von der auflösenden Bedingung abhängig machen, daß die Reparaturfirma die Durchführung der Wiederherstellung bzw. die Verkaufsfirma die Lieferung des neuen Wagens ihm bestätigt. Hat er gezahlt, ohne daß die Reparatur durchgeführt ist oder der neue Wagen geliefert wurde, kann er den über den Zeitwert hinaus gezahlten Betrag vom Versicherungsnehmer zurückfordern. Das erworbene Fahrzeug braucht nicht die gleiche Type wie das beschädigte zu sein, es kann auch ein gebrauchter Kraftwagen sein. Liegen die Wiederherstellungskosten oder der Kaufpreis für den anderen Wagen zwar über dem Zeitwert nach Abs. 1 in Verb. mit Abs. 3, bleiben sie aber unter dem Wert nach Abs. 2 und 3, dann hat der Versicherungsnehmer Anspruch nur auf den den Zeitwert überschreitenden Teil der berechneten Entschädigungsleistung, nicht auf die volle errechnete Entschädigung (Anspruch „nur insoweit"; a. M. Böhme VW 1962 S. 817 f.; wie hier Stiefel-Wussow, 5. Aufl., § 13 Anm. 6).

Der über den Zeitwert nach Abs. 1, 3 hinausgehende Teil der Entschädigung wird, wie oben dargestellt erst nach der Sicherstellung der Wiederherstellung des versicherten Wagens oder Anschaffung eines anderen Fahrzeugs fällig. Insoweit liegt zugleich eine Modifizierung der Bestimmung des § 15 über die Auszahlung der Entschädigung vor.

V. Änderungen der besonderen Bestimmungen für die Kraftfahrzeug-Unfallversicherung

Die hier vorgenommenen Änderungen sind insbesondere im Hinblick auf eine Anpassung an die Allgemeinen Unfallversicherungsbedingungen festgesetzt worden.

1. **In § 16 Abs. 1** ist der schon bisher verwendete Begriff „Pauschalsystem" (vgl. Komm. S. 466) in Abs. 1 ausdrücklich aufgenommen worden.

2. **§ 17 Abs. 4** n. F. engt den Kreis der nicht versicherungsfähigen Personen gegenüber der alten Fassung ein. Völlig blinde und taube und durch Unfall oder Krankheit zu über 70 v. H. dauernd arbeitsbehinderte Personen sind vom 1. 1. 1962 ab versicherungsfähig, wie dies teilweise schon vor diesem Zeitpunk als Ausnahmeregelung von den da-

mals gültigen Versicherungsbedingungen möglich gewesen ist (vgl. Komm. S. 477).

3. **§ 18** weist die nachstehenden Ergänzungen oder Änderungen auf:

Neu eingefügt ist **I Abs. 2.** Hiernach erhöhen sich bei einer Versicherung nach dem Pauschalsystem die Versicherungssummen um 50 v. H., wenn zwei oder mehr berechtigte Insassen das Fahrzeug benutzt haben. Begrenzungen der Versicherungssumme für den einzelnen Insassen bleiben bestehen. Über den Begriff „berechtigter Insasse" vgl. Komm. S. 467. Die Erhöhung erstreckt sich sowohl auf die Todesfallversicherungssumme als auch auf die Versicherungssummen bei Dauerfolgen (Invalidität) und bei vorübergehenden Unfallfolgen (Heilkosten, Tagesentschädigung).

II Abs. 4 ist dahin geändert worden, daß bei einer Tagegeldversicherung die Arztkosten für die Dauer der ärztlichen Behandlung, längstens jedoch für ein Jahr, bis zur Hälfte (bisher: bis zu einem Viertel) des für diese Zeit versicherten Tagegeldes vergütet werden, wenn keine Arbeitsbehinderung eingetreten und daher die Voraussetzung für einen Anspruch auf Tagegeld nicht gegeben war.

III Abs. 2. Hier ist durch die neue Fassung lediglich eine genauere Formulierung vorgenommen worden, indem der Anspruch auf Entschädigung für dauernde Arbeitsbehinderung „spätestens bis zum Ablauf von drei Monaten nach dem Schluß des auf den Unfall folgenden Jahres anzumelden" ist (bisher hieß es: „innerhalb von drei Monaten nach Ablauf des auf den Unfall folgenden Jahres anzumelden"). Vgl. auch Komm. S. 480.

IV Abs. 2 trägt in seiner seit dem 1. 1. 1962 geltenden Fassung den veränderten Verhältnissen Rechnung. Die schon immer geltende Begrenzung der Todesfallentschädigung für minderjährige Kinder hat im Laufe der Jahrzehnte mannigfaltige Änderungen erfahren. Wurden ursprünglich die Kosten einer orts- und standesüblichen Bestattung als Höchstsumme entschädigt, so galt bis zum 1. 1. 1962 für Personen unter 16 Jahren ein Betrag bis zu DM 1000,– als obere Grenze (vgl. Komm. S. 482). Durch die Neufassung ist dieser Betrag auf DM 2000,– und außerdem mit Beschränkung auf Personen unter 14 Jahren festgesetzt worden. Handelt es sich um eine Pauschalversicherung, dann wächst in Zukunft der durch diese Begrenzung freiwerdende Betrag aus der versicherten Todesfallsumme den anderen Insassen verhältnismäßig zu (IV Abs. 2 Satz 2).

4. **§ 19; Feststellung des Grades der Arbeitsbehinderung.** Die Gliederverlusttafel (vgl. Komm. S. 483) für feste Invaliditätsgrade ist in

II Abs. 1 unter vielfacher Erhöhung der Grade und größerer Spezialisierung neu festgesetzt worden. Hinsichtlich von Einzelheiten kann hier auf den Text verwiesen werden. Bei teilweisem Verlust eines Gliedes oder teilweiser Gebrauchsunfähigkeit werden gemäß dem unverändert gebliebenen Abs. 2 die Sätze entsprechend herabgesetzt, wobei das Ausmaß einer Herabsetzung durch die größere Spezialisierung in I Abs. 1 eingeschränkt ist. Der Höchstsatz ist gemäß II Abs. 2 Satz 2 in jedem Falle auch bei Verlust mehrerer Glieder 100 v. H.

Die Sätze der Gliederverlusttafel sind nicht anwendbar, wenn die Arbeitsbehinderung auf andere Ursachen zurückzuführen ist als auf Verlust oder Gebrauchsunfähigkeit von Gliedern oder Sinnesorganen. Gegenüber der bisherigen Fassung stellt die Neuregelung in **§ 19 II Abs. 3** in diesen Fällen nicht mehr darauf ab, inwieweit der Versicherte durch eine ihm zuzumutende Tätigkeit E r w e r b zu erzielen, sondern inwieweit er überhaupt in der Lage ist, eine seinen Kräften und Fähigkeiten entsprechende Tätigkeit unter angemessener Berücksichtigung seiner Ausbildung und seines etwaigen bisherigen Berufes auszuüben (so schon Komm. S. 483 Anm. 3 Abs. 1). Diese Änderung ist vorgenommen worden, um Auslegungsschwierigkeiten bei der Regulierung von Schäden, z. B. bei Ehefrauen ohne Beruf, aus dem Wege zu räumen (vgl. Brugger Vers R 1962 S. 6).

5. **§ 20; Feststellung der Entschädigung.** Nach Abs. 1, der unverändert geblieben ist, muß sich der Versicherer innerhalb von einem bzw. drei Monaten seit Eingang der Nachweise über den Abschluß des Heilverfahrens und die Unfallfolgen dem Versicherungsnehmer gegenüber erklären, ob und inwieweit er seine Entschädigungspflicht anerkennt. Im Falle von Meinungsverschiedenheiten über Art und Umfang der Unfallfolgen und darüber, ob und in welchem Umfange der eingetretene Schaden auf den Unfall zurückzuführen ist, entscheidet nach Abs. 2 a) ein Ärzteausschuß. Für alle sonstigen Streitpunkte sind die ordentlichen Gerichte zuständig, eine Ergänzung, die im Zuge der Änderungen der AKB an den Schluß von Abs. 2 a) neu eingefügt worden ist. Nähere Bestimmungen darüber, wie dieser Ausschuß einzuberufen ist und welche Verfahrensvorschriften für ihn gelten sollen (Ort und Zeit des Zusammentritts, Anhören des Versicherers oder des Versicherten u. ä.), fehlten bisher. Der unverändert gebliebene Abs. 3 traf lediglich einige Bestimmungen über die Benennung der beiden Ausschußmitglieder und die Berufung des Obmannes. Vgl. hierzu im übrigen Komm. S. 486, 487.

Diesen Mangel an Verfahrensvorschriften hat die Neufassung des § 20 durch die Einfügung der Abschnitte **b) und c) in Abs. 2** in Anlehnung an die Allgemeinen Unfallversicherungsbedingungen in etwa beseitigt, wenn auch nicht ganz behoben. Nach Abs. 2 b) Satz 1 muß der Versicherungsnehmer, wenn er mit der ihm vom Versicherer gem. Abs. 1

mitgeteilten Anerkennung oder Ablehnung seiner Entschädigungsansprüche wegen des Unfalls nicht einverstanden ist, innerhalb von 6 Monaten seit dem Zugang der Erklärung des Versicherers die Entscheidung des Ärzteausschusses schriftlich beim Versicherer beantragen. Entsprechend Abs. 3 kann der Versicherungsnehmer mit seinem Antrag gleichzeitig die Benennung seines Ausschußmitgliedes verbinden. Er kann aber auch hiervon Abstand nehmen und die Benennung später nachholen oder es dem Versicherer überlassen, von sich aus durch Benennung seines (des Versicherers) Ausschußmitgliedes das weitere Verfahren in Gang zu setzen. Eine bedingungsmäßige Regelung über das Verfahren insoweit besteht nicht.

Der Versicherungsnehmer kann statt des Antrages auf Einberufung des Ärzteausschusses innerhalb der erwähnten 6-Monats-Frist Entscheidung durch die ordentlichen Gerichte verlangen. Er muß dann den Versicherer verklagen (Abs. 2 b Satz 2 und 3). Dieses Wahlrecht zwischen Anrufung des Ärzteausschusses und gerichtlicher Geltendmachung ist dem Versicherungsnehmer im Anschluß an die Stellungnahme des Bundesaufsichtsamtes für das Versicherungs- und Bausparwesen und die Bestätigung durch das Bundesverwaltungsgericht vom 22. 11. 1960 – I A. 1. 58 (Band 11 S. 245 = VerBAV 1961 S. 65 = VersR 1961 S. 145) – eingeräumt worden; dem Versicherungsnehmer soll nicht die Möglichkeit einer gerichtlichen Entscheidung insbesondere über die für den Versicherungsnehmer schwerwiegende Frage beschnitten werden, ob ein Unfall für den Tod des Versicherten ursächlich gewesen ist.

Dem Versicherer steht das Recht, die Entscheidung des Ärzteausschusses zu beantragen, nicht zu, da er ja, weil es sich um seine eigene Entscheidung handelt, nicht beschwert ist. Dagegen hat auch der Versicherer die Möglichkeit, bis zum Ablauf der erwähnten 6-Monats-Frist zu verlangen, daß an Stelle des Ärzteausschusses die ordentlichen Gerichte entscheiden (Abs. 2 b Satz 2). Diese Möglichkeit hat er auch, wenn der Versicherungsnehmer bereits die Entscheidung des Ärzteausschusses beantragt hat. Der Versicherungsnehmer müßte dann die Versicherer verklagen oder der Versicherer eine negative Feststellungsklage gegen den Versicherungsnehmer erheben, daß dieser keine Ansprüche gegen ihn habe. Für den Versicherer entfällt die Möglichkeit, Klage zu erheben, wenn der Versicherungsnehmer weder eine Entscheidung des Ärzteausschusses noch eine gerichtliche Entscheidung verlangt hat, da er dann nicht beschwert ist. In diesem Falle verliert der Versicherungsnehmer zugleich sämtliche Ansprüche, die über die vom Versicherer gemäß Abs. 1 anerkannten Ansprüche hinausgehen (Abs. 2 c).

Abs. 3 ist im Ergebnis unverändert geblieben. Lediglich wird in Satz 3 und 8 statt des bisherigen Begriffs „Vertragsteil" ausdrücklich vom „Versicherer oder Versicherungsnehmer" gesprochen.

VI. Änderungen von Sonderbedingungen

Der Wortlaut der Sonderbedingungen in der neuen und in der bisherigen Fassung findet sich auf S. 34 ff. Eine Erläuterung erschien nur notwendig für die Sonderbedingung 5 (Haftpflicht- und Fahrzeugversicherung für Kraftfahrzeug-Handel und -Handwerk), die Sonderbedingung 6 (Insassen-Unfallversicherung für Kraftfahrzeug-Handel und -Handwerk) sowie die Sonderbedingung für die Anzeige von Sachschäden bis zu einer Höhe von DM 200,–.

Sonderbedingung 5. Haftpflicht- und Fahrzeugversicherung für Kraftfahrzeug-Handel und -Handwerk

Diese Sonderbedingung hat gegenüber der bisherigen Fassung (vgl. Komm. S. 494 ff.) in einigen im folgenden zu erläuternden Punkten eine wesentliche Änderung erfahren.

Zu I.

Soweit der **Gegenstand der Versicherung** (I 1 a–c und 2) in Frage kommt, bedürfen die Änderungen keiner besonderen Erläuterung. Sie sind geringfügig, und ihr geänderter Sinn ergibt sich ohne weiteres aus dem neuen Wortlaut. Insoweit wird auf die Gegenüberstellung auf S. 36 ff. dieses Nachtrages verwiesen. Grundsätzlich verbleibt es daher hinsichtlich des Gegenstandes der Haftpflicht- und Fahrzeugversicherung für Kfz-Handel und -Handwerk gemäß I bei der bisherigen Relung. Im Interesse der Geschlossenheit der Darstellung wird der Gegenstand der Versicherung nachstehend zusammengefaßt:

Die Versicherung bezieht sich nach I 1 (ausgenommen die Ausschlüsse zu III und IV)

a) auf alle eigenen Fahrzeuge des Versicherungsnehmers, auch die in seinem Besitz befindlichen einem anderen sicherungsübereigneten Fahrzeuge, jedoch nicht auf die von ihm unter Eigentumsvorbehalt veräußerten und übergebenen Kraftwagen;

b) auf alle in seiner Obhut oder in der Obhut von ihm beauftragter oder angestellter Personen befindlichen fremden Fahrzeuge, sofern das Obhutsverhältnis sich aus dem Wesen des Kraftfahrzeughandels oder des Kraftfahrzeug-Werkstattbetriebes ergibt;

c) auf Fahrzeuge, wenn und so lange diese mit einem amtlich abgestempelten roten Kennzeichen oder – bei Fahrrädern mit Hilfsmotor und Kleinkrafträdern – einem roten Versicherungskennzeichen gemäß § 67 b Abs. (5 a) StVZO (Wortlaut Komm. S. 65) versehen sind.

Aus den einleitenden Worten der Sonderbedingung zu I 1 „bei einheitlicher Art und einheitlichem Umfang des Versicherungsschutzes" ergibt sich, daß die Versicherung für Kfz-Handel und -Handwerk für das gesamte Wagnis einheitlich genommen werden muß. Wird also eine Fahrzeugvollversicherung gewählt, so muß sie für das gesamte versicherte Wagnis genommen werden. Wird Selbstbeteiligung gewählt, umfaßt diese alle Fahrzeuge.

Zu II.

In II sind wie bisher die **Art und der Umfang der Versicherung** für Kfz-Handel und -Handwerk geregelt.

Sie kann nach II 1 eine Haftpflicht- oder (und) eine Fahrzeugversicherung sein.

Die neueingefügte Bestimmung in II 2 besagt ausdrücklich, daß als Versicherungsperiode der Zeitraum eines Jahres gilt, und zwar auch bei Vereinbarung von Vierteljahresbeiträgen.

Auch die Regelung in II 3 (bisher [2] 2 c) ist neu gefaßt worden. Durch die Haftpflichtversicherung für Kraftfahrzeug-Handel und -Handwerk ist im Schadenfalle das durch das Pflichtversicherungsgesetz zu schützende Verkehrsopfer gegen die Unfallfolgen nach dem genannten Gesetz geschützt (vgl. Komm. S. 499). Für den Fall, daß das durch die Händler-/Handwerkerversicherung überwiegend in der Form einer Sammelversicherung gedeckte Fahrzeug infolge Verkaufs oder Erledigung der Reparaturarbeiten **aus dem Kreise** der nach I 1 a und b und I 2 versicherten Fahrzeuge **ausscheidet,** ist die Forthaftung des Versicherers gegenüber dem geschädigten Dritten in ähnlicher Weise geregelt, wie dies durch § 158 c VVG geschehen ist. Die Forthaftung besteht im Rahmen der amtlich festgesetzten Mindestversicherungssumme (Komm. S. 206 ff.) und dauert bis zum Ablauf eines Monats nach dem Ausscheiden des Fahrzeugs aus dem Kreise der übrigen versicherten Wagnisse. Sie tritt nicht ein, wenn und soweit der geschädigte Dritte Anspruch auf Fortzahlung von Lohn oder Gehalt, von Versorgungsbezügen oder Anspruch auf Ersatz durch andere Stellen hat. Die Regelung hier ist die gleiche wie in § 10 Abs. 3 AKB, weshalb hier auf die Ausführungen S. 58 verwiesen werden kann. Wie dort ist auch hier weitere Voraussetzung, daß der Geschädigte seine Anzeige- und Auskunftsverpflichtungen aus den §§ 158 d und e VVG erfüllt und seine Ersatzansprüche in Höhe der an ihn geleisteten Entschädigung abtritt. Ein unmittelbarer Anspruch des Dritten gegen den Versicherer ist ausdrücklich ausgeschlossen.

Die Fahrzeugversicherung für f r e m d e Fahrzeuge (II Nr. 4; bisher [2] 3 b) ist wie bisher eine uneingeschränkte oder eine eingeschränkte Versicherung, wobei in der Neufassung die letztere an die zweite Stelle der Aufzählung gerückt ist. Diese Umstellung hat nicht lediglich eine redaktionelle, sondern eine sachliche Bedeutung. Denn die **eingeschränkte Fahrzeugversicherung** ist, wie auch aus dem Wortlaut der bisherigen Bestimmung in (2) 3 b zu aa) hervorging, vor dem 1. 1. 1962 ihrem Charakter nach eine Haftpflichtversicherung gewesen. Demgegenüber besagt der neue Wortlaut über die eingeschränkte Versicherung, daß sie eine Fahrzeugversicherung im Rahmen der §§ 12–15 AKB ist, d. h. für den Versicherungsschutz auch der eingeschränkten Fahrzeugversicherung gelten nunmehr die Bestimmungen der Fahrzeugversicherung über den Umfang der Versicherung, die Ersatzleistung, das Sachverständigenverfahren und die Zahlung der Entschädigung in gleicher Weise wie für die **uneingeschränkte Fahrzeugversicherung.** Eine Haftung des Versicherers kommt bei der eingeschränkten Fahrzeugversicherung für fremde Kraftfahrzeuge jedoch nur in Betracht, wenn und soweit der Versicherungsnehmer im Rahmen seines Kraftfahrzeughandels oder Kraftfahrzeug-Werkstattbetriebes auf Grund gesetzlicher Haftpflichtbestimmungen privatrechtlichen Inhalts haftpflichtig gemacht wird. Für diesen Fall übernimmt der Versicherer zugleich die Abwehr unberechtigter gegen den Versicherungsnehmer gerichteter Haftpflichtansprüche. Sowohl für die uneingeschränkte als auch für die eingeschränkte Fahrzeugversicherung ist der Versicherer von der Verpflichtung zur Leistung frei, wenn der Versicherungsnehmer den Versicherungsfall vorsätzlich oder grobfahrlässig herbeigeführt hat (§ 61 VVG; Komm. S. 443).

Da die uneingeschränkte und die eingeschränkte Fahrzeugversicherung im Rahmen der §§ 12–15 AKB gewährt wird, gilt für sie auch § 13 mit den erhöhten Leistungssätzen bei Totalverlust oder den Wiederherstellungskosten. Der geschädigte Kunde des Kraftfahrzeughändlers oder -handwerkers jedoch hat grundsätzlich nur Anspruch auf Ersatz des ihm entstandenen Schadens nach den §§ 249 ff. BGB, und das ist der Zeitwert.

Zu III. und IV.

Die in der bisherigen Sonderbedingung in (3) für den Ausschluß von der Versicherung getroffene Regelung ist seit dem 1. 1. 1962 in zwei Abschnitte gegliedert, III für Versicherungsausschlüsse schlechthin und IV für Ausschlüsse auf Antrag des Versicherungsnehmers.

Zu III.

Auf Grund der Neufassung der Sonderbedingung 5 sind nachstehende Risiken **vom Versicherungsschutz** schlechthin **ausgeschlossen:**

1. In der Haftpflicht- und Fahrzeugversicherung die im Eigentum des Versicherungsnehmers stehenden Fahrzeuge, so lange sie als Droschken und Omnibusse zugelassen sind. Als im Eigentum des Versicherungsnehmers befindlich gelten im Sinne dieser Bestimmung auch Fahrzeuge, die zwar einem anderen zur Sicherung übereignet worden, aber im Be-

sitz des Versicherungsnehmers belassen und als Droschke oder Omnibus zugelassen sind (vgl. I 1 a; Komm. S. 497, 498 Abs. 2). Eine gelegentliche Fahrt mit dem eigenen Fahrzeug als Droschke oder Omnibus wird vom Ausschluß nicht betroffen, es sei denn, daß das eigene Fahrzeug des Versicherungsnehmers als Droschke zugelassen worden ist. Auch kann ein Verstoß gegen die Verwendungsklausel gemäß § 2 (2) a AKB vorliegen (vgl. Komm. S. 317 ff.).

2. In der Fahrzeugversicherung sind ausgeschlossen

a) Schäden an fremden Fahrzeugen, die in Garagen des Versicherungsnehmers untergestellt sind oder untergestellt werden sollen, sofern diese Schäden ausschließlich im Zusammenhang mit der Unterstellung eintreten. Der Ausschluß ist gegeben, wenn die Unterstellung auf Grund eines Garagenmietvertrages erfolgt, also nicht im Rahmen des Kraftfahrzeughandels oder Kraftfahrzeughandwerks geschieht. In der früheren Fassung hieß es übrigens: „Soweit ein Schadenfall auf dieser rechtlichen Beziehung beruht" (Komm. S. 500).

b) Schäden an Fahrzeugen, mit denen der Versicherungsnehmer im Zeitpunkt des Schadeneintritts gegen Entgelt Personen oder Güter auf Fahrten befördert, die nicht dem Abschleppen von Fahrzeugen dienten. Dabei braucht es sich nicht um eine gewerbsmäßige, d. h. auf dauernde Gewinnerzielung gerichtete oder auch nur geschäftsmäßige Beförderung zu handeln. Ausgeschlossen sind ferner Schäden an Güterfahrzeugen, auf deren Ladefläche z. Z. des Schadeneintritts mehr als 8 Personen befördert wurden, die in keiner Beziehung zum Gewerbebetrieb des Versicherungsnehmers standen; vgl. § 34 StVO und Komm. S. 210.

c) Schäden an Fahrzeugen, wenn und so lange der Versicherungsnehmer die Fahrzeuge mit oder ohne Stellung eines Fahrers in Ausübung eines Vermietgewerbes vermietet. Die Versicherung für Kraftfahrzeug-Handel und -Handwerk will Schäden auf Grund einer gewerbsmäßigen Vermietung von Fahrzeugen ausschließen, wenn und so lange sie zur Ausübung des Vermietgewerbes bestimmt sind.

d) Schäden an zulassungspflichtigen, aber noch nicht zugelassenen Fahrzeugen, wenn sie auf öffentlichen Wegen oder Plätzen ohne ein rotes Kennzeichen oder ein rotes Versicherungskennzeichen gebraucht werden und während des Gebrauchs ein Schaden entsteht. Dagegen besteht für den Kraftfahrzeughändler oder -handwerker in diesen Fällen Versicherungsschutz, wenn die Fahrt im Zusammenhang mit der Zulassung erfolgt ist, also insbesondere zur Zulassungsstelle, zum Finanzamt wegen der Kraftfahrzeugsteuer, zur Versicherungsunternehmung oder ihrer Geschäftsstelle wegen Aushändigung der Versicherungsbestätigungskarte führt.

Zu beachten ist, daß gemäß dem letzten Absatz von III über den Ausschluß vom Versicherungsschutz der Risikoausschluß für die zu III 1, 2 a–c aufgeführten Wagnisse, z. B. für Droschken, Omnibusse, garagenmäßig untergestellte Fahrzeuge, auch dann bestehen bleibt, wenn solche Fahrzeuge mit einem roten Kennzeichen oder rotem Versicherungskennzeichen versehen sind.

Zu IV.

Auf Antrag können **vom Versicherungsschutz ausgeschlossen** werden:

1. In der Haftpflicht- und Fahrzeugversicherung

a) zur Vermeidung einer Doppelversicherung alle im Besitz des Händlers oder Handwerkers befindlichen einkaufsfinanzierten Fahrzeuge, so lange sie im Eigentum des Herstellers stehen und von diesem nachweislich versichert sind;

b) ebenfalls zur Vermeidung einer Doppelversicherung alle bereits zugelassenen – und pflichtversicherten – fremden Fahrzeuge, die sich in Werkstattobhut befinden. Dies ist eine auf zugelassene fremde Fahrzeuge beschränkte Ausnahme von I 1 b).

2. Lediglich in der Fahrzeugversicherung können vom Versicherungsschutz ausgeschlossen werden:

a) Alle Abschleppwagen des Versicherungsnehmers. Die Abschleppwagen müssen für diesen Zweck konstruiert oder mindestens hergerichtet sein. Diese gegenüber der bisherigen Fassung neugeschaffene Ausnahme ist für den Versicherungsnehmer von Vorteil, da er die nicht unbeträchtliche Prämie für einen von ihm vielleicht nur wenig benutzten Abschleppwagen sparen, gleichwohl aber seine übrigen Fahrzeuge unter Versicherungsschutz halten kann.

b) Alle sonstigen eigenen Fahrzeuge des Versicherungsnehmers, eine Ausnahme, die in der bisherigen Fassung unter (3) 4 aufgeführt war. Abgesehen von der Kraftfahrzeughaftpflichtversicherung, die Pflichtversicherung ist, soll der Kraftfahrzeughändler oder -handwerker nicht gezwungen werden, gleichzeitig eine Fahrzeugversicherung abzuschließen. Auf seinen Antrag kann daher insoweit der Versicherungsschutz ausgeschlossen werden. Für diese Fälle gilt, wie auch schon nach der bisherigen Fassung, der Ausschluß auch dann, wenn die Fahrzeuge mit einem roten Kennzeichen oder einem roten Versicherungskennzeichen versehen sind. Entsprechend den Ausführungen oben zu I a. E., S. 73, kann der Ausschluß jedoch nur für alle, nicht für einzelne herausgegriffene Fahrzeuge oder Gruppen von Fahrzeugen beantragt werden.

c) Fahrzeuge, die auf der Ladefläche von Güterfahrzeugen oder auf Eisenbahnwagen überführt werden. Diese Bestimmung war in der bisherigen Fassung der Sonderbedingung nicht enthalten. Sie wird für den Kraftfahrzeughändler oder -handwerker nur in Einzelfällen Bedeutung haben, da derartige Transporte im wesentlichen von den Fabriken der Hersteller in Gang gesetzt werden. Auch hier gelten die Ausschlüsse ebenfalls dann, wenn die Fahrzeuge mit roten Kennzeichen oder roten Versicherungskennzeichen versehen sind.

Zu V.

Der in III vorgesehene Ausschluß vom Versicherungsschutz in der Fahrzeugversicherung bewirkt, daß der Versicherungsnehmer in den dort aufgeführten Fällen für (Kasko-) Schäden keinen Versicherungsschutz genießt. In der Haftpflichtversicherung, die als Pflichtversicherung auch und insbesondere das Interesse des geschädigten Dritten schützt, sind die zu III 2 a)–d) geregelten Tatbestände entsprechend als Obliegenheiten festgesetzt, d. h. der Versicherer ist bei Verstößen des Versicherungsnehmers von der Verpflichtung zur Leistung frei. Es handelt sich in allen vier Fällen um vor dem Eintritt des Versicherungsfalles vom Versicherungsnehmer zu erfüllende Obliegenheiten, die zugleich der Verminderung einer Gefahr oder der Verhütung einer Gefahrerhöhung dienen, so daß § 6 Abs. 1 und 2 VVG anzuwenden sind (vgl. Komm. S. 328 ff.).

Die erwähnten vier Fälle in V sind in der nachstehenden Reihenfolge gegliedert:

1. Beförderung von Personen oder Gütern gegen Entgelt auf nicht dem Abschleppen dienenden Fahrzeugen oder Beförderung von mehr als 8 Personen auf Ladeflächen von Güterfahrzeugen ohne Beziehung zum Gewerbebetrieb des Versicherungsnehmers (vgl. III 2 b);

2. Vermietung eines Fahrzeugs mit oder ohne Stellung eines Fahrers in der Ausübung eines Vermietgewerbes (vgl. III 2 c);

3. Gebrauch eines zulassungspflichtigen, aber nicht zugelassenen Fahrzeugs auf öffentlichen Wegen oder Plätzen ohne rotes Kennzeichen oder rotes Versicherungskennzeichen, falls es nicht eine Fahrt im Zusammenhang mit der Zulassung ist (vgl. III 2 d);

4. Benutzung eines roten Kennzeichens oder roten Versicherungskennzeichens bei einem fremden beim Versicherungsnehmer garagenmäßig untergestellten Fahrzeug (vgl. III 2 a).

Im einzelnen kann auf den Wortlaut der Bestimmungen in V und auf die Darstellung der entsprechenden Fälle in III 2 a–d (o. S. 75 f.) verwiesen werden. Die Leistungsfreiheit gilt bei V 1 und 2 auch dann, wenn die Fahrzeuge mit einem roten Kennzeichen oder einem roten Versicherungskennzeichen versehen sind oder waren.

Zu VI.

Das Meldeverfahren ist gegenüber der bisherigen Fassung der Kraftfahrzeug-Händler- und -Handwerkerversicherung in einigen Punkten geändert worden.

1. Die Meldung an den Versicherer zur Ermittlung der Höhe des Beitrages ist auf einem Meldebogen unverzüglich bei Beginn der Versicherung und zu den vereinbarten Stichtagen zu erstatten, wobei ein Beauftragter des Versicherers mitzuwirken berechtigt ist.

2. Bei nicht ordnungsmäßiger Ausfüllung oder verspäteter Einreichung des Meldebogens ist ein Sonderbeitrag gemäß Tarif fällig. Jedoch wird der Beitrag nach dem Meldebogen abgerechnet, wenn die Angaben nachträglich innerhalb von zwei Monaten nach Empfang der Zahlungsaufforderung gemacht werden.

3. Bei unrichtigen Angaben des Versicherungsnehmers zum Nachteil des Versicherers kann dieser in der Haftpflichtversicherung eine Vertragsstrafe bis zur dreifachen Höhe des festgestellten Beitragsunterschiedes verlangen. In der Fahrzeugversicherung dagegen braucht der Versicherer nur im Verhältnis des gezahlten Beitrages zum festgestellten richtigen Beitrag zu leisten (diese Regelung ist in der Haftpflichtversicherung wegen ihres Charakters als Pflichtversicherung nicht möglich). Es besteht ferner kein Versicherungsschutz für nicht angezeigte Fahrzeuge mit nicht angezeigtem roten Kennzeichen oder roten Versicherungskennzeichen.

Die hier angegebenen Rechtsfolgen treten nicht ein, wenn den Versicherungsnehmer für die Unrichtigkeit oder Unterlassung der Angaben oder Anzeigen kein Verschulden trifft. Für Repräsentanten und Erfüllungshilfen gemäß § 278 BGB hat der Versicherungsnehmer einzustehen.

Sonderbedingung 6.
Insassen-Unfallversicherung für Kraftfahrzeug-Handel und -Handwerk

Die besonderen Verhältnisse bei Kraftfahrzeughändlern und -handwerkern haben auch für die Insassen-Unfallversicherung eine Sonderbedingung (Nr. 6) notwendig gemacht. Auch für diese Insassen-Unfallversicherung gelten die §§ 16 ff. AKB. Die Unfallversicherung bezieht sich jedoch nicht wie sonst bei der Kfz-Unfallversicherung auf das im Unfallversicherungsvertrag bezeichnete Fahrzeug (so § 16 Abs. 1 Satz 1 AKB), sondern auf alle durch die Haftpflicht- und Fahrzeug-Versicherung für Kraftfahrzeug-Handel und -Handwerk versicherten Kraftwagen mit der Maßgabe, daß die im Vertrag namentlich bezeichnete Person als Fahrer oder Insasse versichert ist, wenn sie sich in einem von der Händler- und Handwerkerversicherung erfaßten und entsprechend dem

Inhalt des Vertrages gedeckten Kraftfahrzeug befindet. Dies kann, was b) der Sonderbedingung 6 hervorhebt, auch ein Fahrzeug sein, das mit dem im Vertrag bezeichneten roten Kennzeichen oder roten Versicherungskennzeichen versehen ist. Abweichende nach dem Tarif mögliche Vereinbarungen (vgl. § 16 I 1 letzter Halbsatz AKB) sind nach Satz 2 der Sonderbedingung 6 nicht möglich.

VII. Die Sonderbedingung für die Anzeige von Sachschäden bis zu einer Höhe von DM 200,—

Nach § 7 I (2) AKB hat der Versicherungsnehmer jeden Versicherungsfall innerhalb einer Woche dem Versicherer schriftlich anzuzeigen. Nach § 7 II (1) AKB ist der Versicherungsnehmer nicht berechtigt, ohne vorherige Zustimmung des Versicherers einen Haftpflichtanspruch des Geschädigten ganz oder teilweise anzuerkennen oder zu befriedigen. Bei Verstoß gegen diese Obliegenheiten ist der Versicherer nach Maßgabe des § 7 V leistungsfrei.

In der Vergangenheit haben sich nun Unzuträglichkeiten daraus ergeben, daß der Versicherungsnehmer vielfach Schäden geringeren Umfanges nicht gemeldet hat, um nicht die Aussicht auf den Schadenfreiheitsrabatt zu verlieren, der u. U. höher als der eingetretene Schaden sein würde. Stellte sich im Laufe der Zeit dann heraus, daß der Schaden erheblicher gewesen ist, als zunächst anzunehmen war, dann hat der Versicherungsnehmer den Schaden noch nachträglich, in der Regel aber verspätet, gemeldet, wodurch es zu Differenzen zwischen ihm und dem Versicherer gekommen ist. Denkbar ist übrigens, daß es sich auch um zwei Schäden von schätzungsweise 120 DM und 60 DM, insgesamt also um rd. 200 DM handelt, für die das Gesagte entsprechend gelten würde. Hier trifft nun die Sonderbedingung für die Anzeige von geringwertigen Sachschäden eine klare Regelung, um die dem Versicherungsnehmer aus der verspäteten Schadenanzeige erwachsenden Nachteile abzuwenden. Die Sonderbedingung wird den Versicherungsunternehmen auf Antrag von der Versicherungsaufsichtsbehörde genehmigt. Doch hat die Aufsichtsbehörde Wert darauf gelegt, daß die Sonderbedingung, wenn sie genehmigt worden ist, auf alle Verträge angewandt wird. Eine Vereinbarung der Sonderbedingung nur im Einzelfall ist nicht gestattet. Den Versicherungsnehmern muß überlassen bleiben, ob sie der Sonderbedingung entsprechend verfahren wollen oder nicht.

1. Nach Abs. 1 der Sonderbedingung wird sich der Versicherer auf Leistungsfreiheit nach § 7 V AKB wegen **verspäteter Anzeige** des Schadens infolge vollendeter oder beabsichtigter Schadenregelung auf eigene Faust nicht berufen, wenn der Versicherungsnehmer den Schaden geregelt hat oder die Absicht hatte, ihn zu regeln, um sich die Anwart-

schaft auf die Beitragsermäßigung bei Schadenfreiheit zu erhalten. Voraussetzung für den Verzicht des Versicherers auf Leistungsfreiheit ist, daß es sich – auch in der Haftpflichtversicherung – um Sachschäden, nicht um Personenschäden handelt und daß die Aufwendungen in der Haftpflichtversicherung bzw. die vom Versicherer in der Fahrzeugversicherung zu erbringende Leistung jeweils den Betrag von voraussichtlich 200 DM – in der Fahrzeugversicherung über die Selbstbeteiligung des Versicherungsnehmers hinaus – nicht übersteigen. Die Beweispflicht trifft den Versicherungsnehmer. Hat er den Haftpflicht- oder Fahrzeugschaden geregelt, muß er den Nachweis durch Vorlage einer Quittung, quittierter Rechnungen u. ä. führen. Ist es zu keiner Schadenregelung gekommen, können Schriftwechsel, schriftliche Erklärungen oder sonstige Umstände seine Absicht, den Schaden zu regeln, beweisen. Für den Nachweis, daß der Versicherungsnehmer mit Recht davon ausgehen konnte, daß der Schaden nicht höher als DM 200,– sein würde, können neben sich aus dem Schadenfall bei vernünftiger Betrachtung bereits von selbst ergebenden Gesichtspunkten sachverständige Zeugen, vergleichsfähige Fälle ähnlicher Art und dgl. herangezogen werden. Unerheblich ist, wenn der Schaden sich als höher herausgestellt hat, als er ursprünglich bewertet worden war, wenn er nur im Anschluß an den Versicherungsfall bei verständiger und objektiver Schätzung mit DM 200,– angenommen werden konnte. Aus der Formulierung, daß die Vereinbarung in der Haftpflichtversicherung nur für solche Sachschäden gilt, die „Aufwendungen" von voraussichtlich nicht mehr als DM 200,– „erfordern", ist zu entnehmen, daß neben dem Sachschaden selbst auch etwaige Aufwendungen anderer Art, wie Sachverständigenkosten, infrage kommen können. – Die vertragliche Leistung des Versicherers in der Fahrzeugversicherung ergibt sich aus § 13 Abs. 5 AKB („Kosten der Wiederherstellung und die hierfür notwendigen einfachen Fracht- und sonstigen Transportkosten").

2. Kann der Versicherungsnehmer den Schaden nicht entsprechend den obigen Ausführungen selbst regeln oder hat er einen weiteren Schaden angerichtet, durch den er die Anwartschaft auf Beitragsermäßigung bei Schadenfreiheit verliert, dann kann er nach Abs. 2 der Sonderbedingung den hier fraglichen Schaden **nachträglich** dem Versicherer **anzeigen** und Versicherungsschutz verlangen. Die Anzeige muß jedoch innerhalb des Kalenderjahres erfolgen, in dem der nicht gemeldete Schaden sich ereignet hat. Hat der Schaden sich im Dezember eines Jahres ereignet, dann muß die Nachmeldung bis zum 31. 1. des folgenden Jahres nachgeholt werden. Hat der Versicherungsnehmer den Schaden bereits geregelt und übersteigt der aufgewendete Betrag 200,–DM, dann kann der Versicherungsnehmer Ersatz der von ihm verauslagten Beträge verlangen, auch wenn sie 200 DM übersteigen. Voraussetzung

ist nur, daß seine Annahme, er habe mit nicht mehr als 200,– DM an Aufwendungen oder Kosten zu rechnen brauchen, als gerechtfertigt angesehen werden kann und daß der Versicherungsnehmer bei der von ihm vorgenommenen Regulierung nicht vorsätzlich oder fahrlässig zu Ungunsten des Versicherers gehandelt hat.

3. Nach Abs. 3 hat der Versicherungsnehmer in der Haftpflichtversicherung jeden Sachschaden ohne Rücksicht auf die etwaige Höhe an Aufwendungen oder Kosten **unverzüglich** dem Versicherer **anzuzeigen,** wenn der Anspruch gerichtlich geltend gemacht, das Armenrecht nachgesucht oder dem Versicherungsnehmer gerichtlich der Streit verkündet wird. Gleiches gilt, wenn ein Arrest, eine einstweilige Verfügung oder ein Beweissicherungsverfahren angeordnet wird. In allen diesen Fällen gelten die Bestimmungen des § 7 AKB uneingeschränkt, d. h. der Versicherungsnehmer ist nicht berechtigt, ohne vorherige Zustimmung des Versicherers den Anspruch ganz oder teilweise anzuerkennen oder zu befriedigen, er hat die Weisungen des Versicherers zu beachten usw. (vgl. Komm. S. 362 ff.).

VIII. Versicherungsschutz des Geschädigten bei Unfallflucht und nichtversichertem Fahrzeug

(Verkehrsopferhilfe e. V.)

Bei Schaffung des Pflichtversicherungsgesetzes hatte es der Gesetzgeber bewußt in Kauf genommen, daß das Verkehrsopfer in gewissen Fällen ohne den vom Pflichtversicherungsgesetz beabsichtigten Schutz bleiben würde (vgl. Komm., 1. Aufl., S. 142 f.). Zu diesen Fällen gehört u. a. der Tatbestand, daß der Halter des schadenstiftenden Kraftfahrzeugs und sein Fahrer infolge Fahrerflucht nicht festgestellt und der Haftpflichtversicherer daher nicht ermittelt werden kann. Ferner gehören hierher die Fälle, in denen das Kraftfahrzeug und sein Halter oder Fahrer nicht pflichtversichert sind, obwohl eine gesetzliche Verpflichtung zum Abschluß einer Haftpflichtversicherung besteht. Zwar hätte der Geschädigte einen Rechtsanspruch gegen den Schädiger, könnte diesen in der Regel aber wegen des finanziellen Unvermögens des Schädigers nicht verwirklichen.

Einen Versicherungsschutz für den geschädigten Dritten auch in den Fällen der Unfallflucht und des nichtversicherten Kraftfahrzeugs zu gewährleisten, war im gegenwärtigen Rahmen der Pflichtversicherung nicht möglich. Die Gemeinschaft der Versicherer, für die das Pflichtversicherungsgesetz in § 5 der Durchführungsverordnung vom 6. 4. 1940 (RGBl I 617) – Komm. S. 21, 213 f. – Vorsorge getroffen hatte, war nur zur Sicherstellung der Versicherungsunternehmungen mit Bezug auf den

Zwang, Versicherungsschutz gemäß den gesetzlichen Vorschriften zu leisten, gedacht.

Die eben erwähnten Lücken des Pflichtversicherungsgesetzes sind nunmehr durch Gründung der „Verkehrsopferhilfe e. V." geschlossen worden. Die „Verkehrsopferhilfe" ist ein freiwilliger Zusammenschluß der Kraftverkehrsversicherer, die die von der „Verkehrsopferhilfe" zu erstattenden Leistungen durch hierfür zur Verfügung gestellte Mittel aufbringen. Bereits früher hatten sich die Kraftverkehrsversicherer bei Fahrerflucht zur Vermeidung von Härten zu freiwilligen Leistungen entschlossen, sofern es sich um Personenschäden gehandelt hat.

Bei nach dem 1. Mai 1963 eintretenden Verkehrsunfällen gewährt die „Verkehrsopferhilfe" dem Geschädigten einen Rechtsanspruch auf Ersatz, wenn

1. sich der Fahrer des schadenstiftenden Kraftfahrzeuges oder Kraftfahrzeuganhängers durch Unfallflucht der Feststellung seiner Person entzogen hat und auch das Fahrzeug nicht ermittelt werden kann;

2. wenn der Halter des Kraftfahrzeugs oder des Kraftfahrzeuganhängers seiner gesetzlich vorgeschriebenen Pflicht zum Abschluß einer Haftpflichtversicherung nicht nachgekommen ist.

Voraussetzung für das Eintreten der „Verkehrsopferhilfe" ist, daß der Geschädigte in diesen Fällen von dem Halter oder dem Fahrer Ersatz des Schadens nicht erlangen kann und seine Ersatzansprüche an die Verkehrsopferhilfe abtritt.

Bei Verkehrsunfallflucht, bei der der Halter oder der Fahrer nicht zu ermitteln ist, wird der Schaden unter Berücksichtigung der bekanntgewordenen Sach- und Rechtslage im Rahmen der Mindestdeckungssummen des Pflichtversicherungsgesetzes geregelt. Bei Schäden der oben zu 2. angeführten Art sind Halter und Fahrer bekannt. Hier wird daher Ersatz nach den allgemeinen Rechtsgrundsätzen im Rahmen der Mindestdeckungssummen geleistet, wie wenn eine Pflichtversicherung für das schädigende Fahrzeug bestehen würde und der Versicherer infolge Obliegenheitsverletzung des Versicherungsnehmers von seiner Verpflichtung zur Leistung dem Versicherten gegenüber frei ist, in Ansehung des geschädigten Dritten jedoch leisten muß. Es werden Personen- und Sachschäden ersetzt, letztere, wenn sie den Betrag von 1000 – DM überschreiten. Schäden am Kraftfahrzeug selbst oder an mit ihm beförderten Gegenständen sind ausgeschlossen. Nicht ersetzt wird ferner ein immaterieller Schaden.

Eine Ersatzpflicht tritt ferner insoweit nicht ein, als der Geschädigte Ansprüche auf Fortzahlung von Lohn oder Gehalt oder auf Gewährung von Versorgungsbezügen hat oder Dritte zum Ersatz des Schadens verpflichtet sind, beispielsweise Sozialversicherungsträger, private oder öffentliche Kranken-, Haftpflicht- oder sonstige Versicherer. Die Regelung ist eine ähnliche wie in § 10 Abs. 3 AKB, auf dessen Erläuterung auf S. 409 verwiesen wird. Ersatzberechtigt ist nur derjenige, dessen Leben, Körper, Gesundheit, Eigentum oder sonstige Rechte verletzt worden sind oder dem Ansprüche nach den §§ 844, 845 BGB, 10 StVG zustehen. Die „Verkehrsopferhilfe" hat ihren Sitz beim HUK-Verband in Hamburg.

Wegen des Wortlauts des Vertrages zwischen der „Verkehrsopferhilfe" und den Kraftverkehrsversicherern vgl. Vers R 1963 S. 1011 f.

IX. Anordnung des Präsidenten des Bundesaufsichtsamtes für das Versicherungs- und Bausparwesen

vom 12. Juli 1963 (V – A 70 – 6 a – 27/63) **über die Anwendung der Allgemeinen Bedingungen für die Kraftverkehrsversicherung auf Verträge mit Mitgliedern einer in der Bundesrepublik Deutschland stationierten ausländischen Truppe, eines zivilen Gefolges und Angehörigen**

(Bundesanzeiger Nr. 132 vom 20. Juli 1963 = Ver BAV 1963 S. 135)

Im Hinblick auf Artikel 11 Abs. (1) des Zusatzabkommens zu dem Abkommen zwischen den Parteien des Nordatlantikvertrages über die Rechtsstellung ihrer Truppen hinsichtlich der in der Bundesrepublik Deutschland stationierten ausländischen Truppen vom 3. August 1959 (Bundesgesetzbl. II 1961 S. 1183, 1218) wird auf Grund der Verordnung über die Anwendung Allgemeiner Versicherungsbedingungen vom 29. November 1940 (Reichsgesetzbl. I S. 1543) angeordnet:

Artikel 1

Die Allgemeinen Bedingungen für die Kraftverkehrsversicherung in der Fassung der Bekanntmachung des Bundesaufsichtsamtes für das Versicherungs- und Bausparwesen vom 30. März 1962 (Bundesanzeiger Nr. 72 vom 12. April 1962) sind, soweit sie die Haftpflichtversicherung betreffen, auf die am 1. Juli 1963 bestehenden Haftpflichtversicherungsverträge anzuwenden, die von Mitgliedern einer in der Bundesrepublik Deutschland stationierten ausländischen Truppe, eines zivilen Gefolges und Angehörigen zur Versicherung der Haftpflichtgefahren aus dem Gebrauch privater Kraftfahrzeuge und Kraftfahrzeuganhänger im Bundesgebiet mit den in der Bundesrepublik Deutschland zum Betrieb der Kraftverkehrsversicherung zugelassenen Versicherungsunternehmen abgeschlossen sind.

Artikel 2

Artikel 1 findet keine Anwendung auf Versicherungsfälle, die vor dem 1. Juli 1963 eingetreten sind, es sei denn, daß die in Artikel 1 genannten Bedingungen bereits vereinbart waren.

Artikel 3

Diese Anordnung tritt mit dem Tage der Verkündung in Kraft.

FSC
www.fsc.org
MIX
Papier | Fördert gute Waldnutzung
FSC® C083411

Kolibri 360 GmbH
Ferdinand-Jühlke-Straße 7
99095 Erfurt, Deutschland
produktsicherheit@kolibri360.de